반만 믿지 말고 온전히 믿으라

나의 사랑하는 가족에게 이 책을 바칩니다.

⟨일러두기⟩
이 책에 사용한 폰트는 KoPubWorld바탕체와 돋움체 그리고 나눔 명조체와 고딕체입니다.
성경은 대한성서공회 개역개정 성경과 새번역 성경을 사용하고 경우에 따라 다른 역본도 참조했습니다.

반만 믿지 말고 온전히 믿으라

전병철

새우미

프롤로그

온전히 믿으라

우리는 교회 안에서, 또는 예수님을 믿는다고 고백하는 사람들 가운데서 참으로 다양한 믿음의 모습을 볼 수 있다. 어떤 사람은 엘리야 시대의 이스라엘 백성들처럼 하나님과 우상 사이에서 왔다 갔다 하는 믿음을 가진 사람도 있고(왕상 18:21), 또 어떤 사람은 이사야 선지자 시대의 이스라엘 백성들처럼 마음이 아닌 입술로만 하나님을 경외하는 믿음을 가진 사람도 있다(사 29:13). 또는 하나님께 예배하러 하나님의 집으로 와서, 하나님은 만나지 않고 하나님 집의 마당만 밟고 가면서 만족하는 사람도 있다(사 1:12). 혹은 바리새인들처럼 하나님의 말씀에는 철저하나, 정작 하나님과 예수님에 대한 사랑은 메마른 믿음을 가진 사람도 있다.

지금 당신의 믿음은 어떤 모습인가? 혹 엘리야 시대의 이스라엘 백성처럼 하나님과 세상에 양다리를 걸친 채 머뭇거리고 있지는 않은가? 혹은 이사야 시대의 백성들처럼 입술로만 주님을 경외하고 있지는 않은가? 하나님의 집에 와서 그저 마당만 밟고 가면서 은혜받았다고 착각하고 있지는 않은가? 말씀에는 능통하고 지식으로 가득 차 있지만, 정작 하나님과 예수님을 향한 사랑은 메마른 바리새인과 같은 믿음은 아닌가? 오랜 신앙생활의 연륜이나, 유명한 교회에 다닌다는 이유로 자신의 구원에는 아무 문제가 없을 것이라는 착각에 빠져 있지는 않은가? 믿음의 핵심은 놓치고 믿음의 껍데기만 붙들고 종교 생활을 하고 있지는 않은가?

온전히 뵈으라

하나님은 우리가 그런 식의 형식적인 믿음으로 살아가기를 바라지 않으신다. 하나님은 우리가 온전히 믿기를 원하신다. 적당히 믿는 것이 아니라, 전심전력하여 믿기를 바라신다.

성경에 등장하는 믿음의 사람들, 하나님께서 칭찬하는 사람 중 누구 하나 적당히 믿는 사람들은 없었다. 그들은 목숨 걸고 하나님과 예수님을 믿었으며, 삶의 수많은 우여곡절 속에서도 신실하게 하나님을 믿고 의지했다. 심지어 다니엘의 세 친구는 하나님께서 자신들이 기대한 대로 해주시지 않아도, "그렇게 하지 아니하실지라도"(단 3:18) 하나님을 믿고 신뢰했다.

믿음에 금이 간 것, 어느 한 부분이 깨진 것, 또는 어느 한쪽으로 치우친 믿음도 온전한 믿음이라고 할 수 없다. 온전한 믿음은 삼위 하나님을 향해 서 있고, 이러한 믿음은 어디서나 하나님을 바라보며, 의지하고, 항상 함께 동행한다. 하나님의 말씀에 '아니요'는 없고 '예'만 있는(고후 1:19) 믿음이다. 이러한 믿음은 충성으로, 순종으로, 의심 없는 전적인 신뢰로 이어진다. 참된 믿음은 하나님께 대한 흔들림 없는 기대와 소망을 품게 한다. 어떤 상황에서도 주저함 없이 말씀에 따라 행동하게 만든다.

당신은 하나님과 예수 그리스도, 그리고 성령님을 온전히 믿는가?

온전히 믿으라

차례

프롤로그

온전히 믿으라 ································· 4

제1부 거의 하나님 나라에 들어갈 뻔한 사람들

1. 복음을 듣고 설득당할 뻔한 사람들 ················ 12
2. 그리스도 없이 그리스도인처럼 사는 사람들 ·········· 25
3. 주여, 주여만 하고 끝난 사람들 ··················· 36

제2부 반쪽 믿음과 껍데기 믿음을 넘어

4. 반만 믿지 말고 온전히 믿어라 ···················· 56
5. 껍데기만 붙잡은 믿음은 버려라 ··················· 66
6. 착각에 빠진 믿음에서 벗어나 진실로 믿어라 ········· 82
7. 세상과 친구 되는 믿음은 진짜 믿음일 수 없다 ········ 102
8. 예수 중심이 아닌 믿음은 진짜 믿음이 아니다 ········· 125

Contents

제3부 믿음이 파선하지 않도록

9. 믿음이 파선하지 않도록 착한 양심을 가지라 ·············· 150

10. 행함이 없는 믿음은 죽은 믿음이다 ························· 179

제4부 온전한 믿음, 예수 그리스도

11. 믿음 없는 자가 되지 말고, 믿는 자가 되라 ············· 198

12. 하나님이 마련하신 구원의 방도를 붙잡으라 ············ 219

13. 예수 그리스도 외에 다른 복음은 없다 ···················· 238

14. 왕이신 예수님을 당신의 보좌에 모시고 살라 ··········· 266

에필로그

온전한 믿음으로 영광에 이르리라 ································ 300

미주

제1부

거의 하나님 나라에 들어갈 뻔한 사람들

1.
복음을 듣고 설득당할 뻔한 사람들

마태복음 7:21~23

프롤로그에서 '과연 나의 믿음은 온전한가?'라는 중요한 질문을 던졌다. 이제 이 질문에 대한 구체적인 답을 찾아보고자 한다. 많은 사람이 복음을 듣지만, 오직 소수만 진정한 그리스도인이 된다. 놀랍게도 교회 안에는 수많은 '교인'이 존재하지만, 그중 일부는 끝내 하나님 나라에 들어가지 못할 수도 있다. 그리스도인의 모조품, 유사품 같은 사람들이 그렇다.[1] 그래서 함께 살펴보려는 주제는 '거의 하나님 나라에 들어갈 뻔한 사람'에 관한 것이다.

이 주제를 다루는 목적은 결코 누구를 비난하고자 함이 아니다. 오히려 우리 각자가 자신의 신앙을 자세히 점검하고, 혹 교회 내에서 '거의 천국에 들어갈 뻔한' 사람은 아닌지 돌아보고자 함이다. 하나님의 말씀을 통해 영적 경각심을 일깨우고, "게으르지 말고 부지런하여 열심을 품고 주를 섬기라"는 말씀처럼 열심 있는 신자로, 그리고 온전한 믿음으로 거듭나고자 함이다.

복음을 들을 때 설득당할 뻔한 사람

첫 번째로 살펴볼 부류는 '복음을 듣고 거의 설득당할 뻔한 사람들'이다. 이 사람들은 아직 구원 공동체 구성원으로 들어오지 않은 사람들이다. 이 사람들은 복음을 처음 들었을 때 강한 호기심을 보이고 복음에 마음이 끌렸지만, 종국에는 복음을 받아들이지 않았다.

이런 사람들은 거의 그리스도인이 될 뻔했지만, 결국에는 그리스도인이 되지 않은 사람들이다. 하나님 나라의 문 앞까지는 갔지만, 결코 그 나라에는 들어가지 않은 사람, 천국에 들어갈 뻔한 사람으로 남았다.

예수님에게 관심을 보인 헤롯 왕

복음서에는 예수님을 주목했던 한 인물로 헤롯 왕이 등장한다. 그는 세례 요한을 체포하여 감옥에 가두고 결국 그의 목을 자르도록 허락한 헤롯 안티파스(Herod Antipas)이다.

그는 세례 요한을 죽인 뒤에도 예수님에 대해 깊은 관심을 가졌다. 헤롯은 예수님이 신비한 기적과 현상을 일으킨다는 소식을 들었다. 누가복음 9:7~9에 따르면, 예수님이 행하신 기적과 말씀을 들은 헤롯은 크게 당황했다. 어떤 사람은 예수님을 두고 세례 요한이 다시 살아났다고 했고, 또 어떤 이는 엘리야가 나타났다고 말했다. 또 다른 사람들은 옛 선지자 중 한 사람이 살아났다고 여겼다. 이에 헤롯은 "내가 요한의 목을 베었거늘, 이제 이런 일이 들리니 이 사람이 누구인가?"라며 예수님을 만나고 싶어 했다.

그는 예수님에 대해 호기심을 가졌다. 누가복음 23장에서 예수님이 빌라도에게서 헤롯에게 넘겨졌을 때, 그는 오랫동안 바라던 대로 예수님을 직접 만날 기회를 얻었다. 그때 그는 예수님께 많은 질문을 던졌고, 또 예수님께서 어떤 기적을 행하시기를 기대했다.

그러나 예수님은 단 한마디 대답도 하지 않으셨다. 헤롯이 찾는 관심의 방향이 잘못되었음을 보여주는 장면이다. 결국 헤롯은 예수님을 무시하고 조롱했으며, 화려한 옷을 입혀 다시 빌라도에게 돌려보냈다.

헤롯의 모습은 우리에게 중요한 교훈을 준다. 그는 예수님께 관심을 보였지만, 그 관심은 진리를 알고자 하는 마음이 아니라 기적과 기이한 현상을 구하는 호기심이었다.

결국 그는 진리이신 예수님을 만나고도 아무 변화 없이 돌아섰다. 예수님께 보이는 관심이 구원으로 이어지기 위해서는, 단순한 호기심이 아니라 겸손히 진리를 찾는 믿음이 필요하다.

예수님을 직접 심문한 빌라도

우리는 사도신경 신앙고백을 할 때마다 빌라도를 언급한다. "…본디오 빌라도에게 고난을 받아 십자가에 못 박혀 죽으시고…" 이 고백에 따르면, 빌라도는 예수 그리스도를 죽인 대역죄인으로 기록된다. 그러나 그가 이처럼 평가받기 전, 그에게도 구원받을 기회가 있었다.

본디오 빌라도는 주후 26~36년까지 유대 지방을 다스린 로마 총독이다. 그는 총독으로서 세금을 징수하고, 반란을 진압하며, 치안을 유지하고, 사형을 집행하는 권한을 가지고 있었다. 예루살렘과 유대 사회에 상당한 영향력을 행사할 수 있었던 인물이었다.

성경에서 빌라도에 대해 가장 많이 언급되는 장면은 바로 예수님이 재판받으실 때다. 그는 총독으로서 형사 재판을 맡았지만, 그가 예수님에게 한 질문들은 단순한 절차적 심문을 넘어, 매우 철학적이고 신앙적인 의미를 담고 있다.

빌라도는 예수님께 이렇게 물었다.

"네가 유대인의 왕이냐?"(마 27:11; 막 15:2), "그럼 네가 왕이 아니냐?"(요 18:37), "네가 무엇을 하였느냐?"(요 18:35), "진리가 무엇이냐?"(요 18:38), "그들이 너를 쳐서 얼마나 많은 것으로 증언하는지 듣지 못하느냐?"(마 27:13)

이 질문들에 대해 예수님은 조용하지만 분명하게 대답하셨다.

"네 말이 옳도다"(마 27:11; 막 15:2), "내 나라는 이 세상에 속한 것이 아니다"(요 18:36), "나는 진리에 대하여 증언하러 왔다"(요 18:37).

빌라도는 예수님이 무죄하시며, 하나님의 아들이시고 진정한 왕이심을 알았다. 그런데도 그는 예수님을 채찍질하고 조롱한 뒤, 결국 십자가에 못 박도록 넘겨주었다. 이유는 단순한 정치적 절차 때문이 아니었다.

빌라도는 자신의 정치적 입지와 권력 유지를 위해, 그리고 군중의 압박과 두려움 때문에 자신의 양심을 저버렸다. 군중은 "이 사람을 놓으면 가이사의 충신이 아니다"(요 19:12)라고 압박했다. 그의 아내조차 "저 의인과 상관하지 말라"

(마 27:19)며 경고했지만, 빌라도는 갈등을 피하려다 끝내 자신의 양심을 저버리고 말았다.

그는 스스로 "나는 이 사람에게서 아무런 죄를 찾지 못하였다"라고 선언했지만(마 27:24), 이는 책임 회피에 불과했다. 빌라도는 거의 하나님 나라에 들어갈 기회를 가졌으나, 자신의 두려움과 세속적 이해관계 때문에 결국 그 기회를 놓치고 말았다.

본디오 빌라도의 이야기는 단순히 역사적 사건이 아니다. 그는 예수님이 누구신지 분명히 알았음에도, 자신의 정치적 계산과 두려움으로 진리를 외면했다. 이는 오늘을 살아가는 우리에게도 깊은 경각심을 준다. 진리를 알고도 행동하지 않는다면, 그 책임은 피할 수 없기 때문이다.

비시디아 안디옥의 유대인들- 시기심이 가로막음

사도 바울이 비시디아 안디옥의 한 회당에서 복음을 전할 때이다. 회당에 모인 유대인들과 사람들은 바울이 전한 복음에 강한 호기심을 갖고 "다음 안식일에도 이 말씀을 하라"(행 13:42)고 요청했다. 그래서 바울은 그다음 안식일에도 회당에서 복음을 전했다. 그러자 많은 사람이 예수님을 믿었다.

하지만 복음을 들은 상당수 유대인은 시기가 가득하여 바울이 말한 것을 반박하고 비방했다(행 13:45). 똑같이 복음을 들었지만, 결국에는 예수님을 믿지 않았다. 호기심을 보이고 설득당할 뻔했지만, 시기심 때문에 끝내는 거부한 것이다.

복음에 관심을 보인 아테네 사람들

사도행전 17:16~34에는 사도 바울이 아테네에서 복음을 전했을 때 사람들의 반응이 기록되어 있다.

아테네는 다른 도시와 달리 우상과 철학으로 가득 찬 도시였다. 사람들은 새로운 사상과 철학에 관심이 많았으며, 거리마다 신들에게 바쳐진 제단이 놓여 있었다. 바울은 도시를 돌아보며, 하나님을 알지 못한 채 신들에게 제사를 드리는 사람들의 모습을 보고 마음 아파했다.

그는 회당과 시장을 다니며 예수 그리스도를 전했다. 특히 예수님의 부활 소식을 전했는데, 철학과 지적 토론에 관심이 많은 아테네 사람은 바울의 말에 주목했다. 예수님의 부활을 새로운 철학으로 받아들인 일부 사람들은 "네가 말하는 이 새로운 가르침이 무엇인지 우리가 알 수 있겠느냐?"(행 17:19)라며 그를 아레오바고로 데려갔다.

아레오바고는 아테네 중심부의 작은 언덕으로, 고대 아테네에서 법정과 정치 회의가 열리던 장소였다. 바울은 이곳에서 에피쿠로스와 스토아 철학자, 그리고 지식인들에게 하나님과 예수 그리스도, 부활에 대해 설명하고 논증했다. 그의 핵심 메시지는 단 하나, 유일하신 하나님과 인류의 구원자 예수 그리스도였다. 또한 하나님의 심판, 회개, 구원에 대해서도 전했다.

바울의 설교를 들은 사람들의 반응은 다양했다. 어떤 이는 부활을 조롱했고, 어떤 이는 호기심을 보이며 "네 말을 다시 듣겠다"고 했다. 그러나 실제로 예수 그리스도를 자신의 구세주로 받아들인 사람은 극소수였다. 그중에는 아레오바고 관리 디오누시오와 다마리라는 여인, 그리고 몇몇 사람들뿐이었다(행 17:34). 나머지 사람들은 철학의 중심지 아레오바고에서 논리적이고 설득력 있는 복음을 들었음에도 끝내 믿지 않았다.

아그립바 왕- 마음이 움직였으나 결단하지 못함

사도행전 26장을 보면, 유대인의 고소를 당한 바울이 아그립바 왕 앞에서 자신의 무죄를 변호하는 모습이 기록되어 있다. 바울의 변호 내용은 자신이 예수 그리스도를 전하고 가르친 것이 죄가 되지 않는다는 내용이다.

바울은 심문받는 것을 자기변호와 동시에 재판하는 사람들에게 예수 그리스도의 복음을 전하는 기회라고 생각했다. 그래서 아그립바 왕과 베스도 그리고 그의 재판을 지켜보기 위해 모인 모든 사람에게 복음을 전했다.

바울은 예수님을 가리켜 하나님께서 조상들에게 약속하신 분이며, 하나님의 약속을 따라 이 땅에 오셨다는 것을 설명했다. 구원자요 메시아인 예수를 대제사장들과 서기관들과 바리새인들이, 그리고 유대인들이 죽였다는 것도 설명했다.

더 나아가 하나님께서 죽은 예수를 다시 살리셨다는 것과 자신이 다메섹에서 부활의 주님을 만났다는 것도 증언했다. 더구나 예수 그리스도께서 자신을 이방인에게 구원을 전하도록 보내셨다는 것도 증언했다.

그러므로 자신이 이방인들에게 복음을 전한 일은 하나님과 예수 그리스도의 뜻을 따라 한 일이라는 것이다. 이렇게 바울은 자기변호를 통해 아그립바 왕이 복음을 받아들이도록 설득했다(2~3, 8, 26~27).

바울의 말을 들은 아그립바 왕은 마음이 많이 움직였다.

> 아그립바가 바울에게 이르되 네가 적은 말로 나를 권하여 그리스도인이 되게 하려 하는도다(행 26:28).

바울은 "말이 적으나 많으나 당신뿐만 아니라 오늘 내 말을 듣는 모든 사람도 이렇게 결박된 것 외에는 나와 같이 되기를 하나님께 원하나이다"(행 26:29) 하고 말했다.

아그립바는 바울이 자신을 그리스도인이 되게 하려는 의도는 알았지만, 왜 바울이 '결박당한 것 외에는 모든 사람이 자신처럼 그리스도를 믿는 사람이 되기를 원하는지' 그 마음을 헤아리지 못했다.

아그립바 왕은 바울이 증거한 복음의 논리성, 타당성, 진실성 등을 다 알고 인정했다(26:30~32). 그런데도 그는 예수 그리스도를 영접하지 않았다. 그는 그리스도인이 되기 위해 자신의 의지를 사용하여 예수 그리스도를 자신의 주로 영접하지 않았다. 그는 하나님 나라의 문 앞까지 갔지만, 그리스도를 영접하지 않으므로 곧바로 지옥으로 떨어지고 말았다. 이는 참으로 안타까운 일이 아닐 수 없다.

아그립바 왕이 복음에 완전히 설득되지 않은 이유가 무엇인지는 명확히 알 수 없다. 그의 마음이 완악했기 때문이었을까? 아니면 그의 사회적 지위와 체면 때문이었을까? 당장에 얻을 수 있는 이익이 없다고 판단했기 때문일까? 분명한 한 가지는 그가 그리스도를 영접하지 않았다는 것과 그리스도인이 될 뻔하고 말았다는 것이다.

복음이 좋으나 믿는데, 방해하는 것들

성경에 기록된 이러한 사례들은 성경 시대에만 있었던 일이 아니다. 오늘날 우리의 삶과 주변에서도 쉽게 찾아볼 수 있다.

어떤 사람은 복음을 받아들이고 예수를 영접하면 지금 누리고 있는 것들을 잃게 될까 두려워한다. 신앙의 대상을 바꾸면 재물이나 사회적 지위, 명성, 건강 등을 잃을 수 있다고 생각하는 것이다.

또 어떤 사람은 한 가정에서 두 신을 섬길 수 없다는 막연한 이유로 그리스도를 영접하지 않는다. 가족 모두가 다른 종교를 믿고 있는데 자신이 예수를 따르게 되면, 두 신이 충돌해 가족이 해를 입거나 병과 불행을 겪게 될 것이라고 두려워하는 것이다.

또 어떤 사람은 '복음은 좋은데 교회 생활이 싫다'고 말하면서 거부한다. 매주 교회에 가서 예배드리는 것이 힘들고, 또 많은 헌금을 내야 하고, 봉사도 해야 하고, 무엇보다 사람들과 어울리는 것이 힘들고, 전도하는 것, 기도하는 것 등, 힘들어서 '예수를 못 믿겠다'라고 말하는 사람들도 있다.

이 외에도 많은 이유를 댄다. '다 좋은데 아직 마음이 끌리지 않는다.' '지금은 해야 할 일이 너무 많아서 어느 정도 삶이 안정되면 그때 예수님을 믿겠다.' '지금도 부족한 것 없이 잘 살고 있는데 굳이 예수를 믿어야 하느냐?'와 같은 이유이다.

혹시 당신도 이런 고민을 한 적이 있는가? 혹은 '나중에'라는 핑계를 대며 믿음을 미룬 적이 있는가? 그렇다면 무엇이 당신을 주저하게 만드는가? 복음을 들을 때 당신의 생각과 마음, 감정과 의지가 어떻게 작용하는지 스스로 성찰해 보기를 바란다.

성경에 나오는 헤롯 왕, 본디오 빌라도, 아그립바 왕도 예수님을 믿을 뻔했지만 결국 받아들이지 않았다. 그들은 예수님을 직접 만나고 그분의 삶과 가르침을 들었지만, 끝내 따르지 않았다. 거의 설득될 뻔했지만, 복음을 거부했고, 하나님 나라의 문 앞까지 갔으나 끝내 들어가지 못했다.

나는 당신이 복음 앞에서 머뭇거리지 않기를 바란다. 오히려 기꺼이 복음에 사로잡히고, 예수 그리스도의 포로가 되기를 바란다. 당신의 이성과 지성이 복음에 온전히 설득되어, 바울처럼 예수를 믿고 하나님 나라에 들어가기를 소망한다.

> 오늘 내 말을 듣는 모든 사람도 다 … 나와 같이 되기를 하나님께 원하나이다(행 26:29).

2.
그리스도 없이 그리스도인처럼 사는 사람들

마태복음 19:16~22

거의 하나님 나라에 들어갈 뻔한 두 번째 부류는 교회 안팎에서 자주 볼 수 있는 부류이다. 이들은 그리스도인이 아니면서 그리스도인처럼 생활하는 사람이다.

그리스도인이란 누구인가

그리스도인은 어떤 사람인가? 그리스도인은 예수 그리스도를 자신의 주인으로 모신 사람이다. 그리스도인은 "그리스도께 속한 사람"이요(고전 15:23; 고후 10:7; 요일 4:2), 그리스도의 소유가 된 사람이다(갈 3:29). 예수 그리스도가 하신 모든 일들이 자신을 위해서 한 일이며, 그 결과 자신은 그리스도께서 이룬 일들 속에 있다는 것을 믿는 사람이다.

그뿐만 아니라 그리스도인은 예수 그리스도의 가르침과

교훈을 따라 사는 사람이다. 공자의 가르침을 따라 사는 사람을 유생, 석가모니의 가르침을 따라 사는 사람을 불자라고 부른다. 그렇듯 예수 그리스도를 자신의 주인으로 모시고 그분의 가르침을 따라 사는 사람을 일컬어 '그리스도인'(행 11:26)이라고 부른다.

누군가의 가르침을 따라 산다는 것은 자신의 가치관, 세계관, 삶의 목적 등 모든 것을 내려놓고 자신이 따르는 분의 삶과 가르침을 자기 삶의 원칙으로 삼고 산다는 것을 의미한다. 이런 의미에서 그리스도인은 예수 그리스도를 자기 삶의 원칙과 기준으로 삼고 살아가는 사람이다.

이것은 어떤 학문이나 주장에 동의하는 것과는 다른 것이다. 학문에서 어떤 이론에 동의하면 그 이론을 추종하는 사람들과 합류하는 것이고 학파를 따르는 것이 될 것이다. 여기에는 목숨이 왔다 갔다 하지 않는다. 언제든지 새로운 이론이 등장하면 바꿀 수 있다. 때론 자기가 옳다고 생각하는 것도 목숨을 위해서는 아니라고 말할 수도 있다.

학문과 믿음, 그리고 '주인으로 모신다'는 의미

세상과 우주를 바라보는 관점에서 천동설이 지배적일 때, 코페르니쿠스(Nicolaus Copernicus, A.D.

1473~1543)는 고대 아리스타르코스(Aristarchus of Samos, 약 B.C. 310~230)가 제안했던 지동적 우주관을 수학적으로 체계화했다. 천동설은 지구를 중심으로 해와 달, 그리고 별들이 회전한다고 보는 이론이며, 지동설은 태양을 중심으로 지구와 행성들이 공전한다는 이론이다.

갈릴레오 갈릴레이(Galileo Galilei, A.D. 1564~1642)가 살던 시대에도 여전히 로마 교황청과 종교계 대부분은 천동설을 진리로 받아들였다. 따라서 지동설을 주장하거나 지지하는 것은 신앙을 거스르는 행위, 곧 신성모독으로 여겨졌다. 갈릴레오는 코페르니쿠스의 지동설을 옹호했다는 이유로 교황청의 종교재판에 부쳐졌다. 그는 자신이 옳다고 확신했음에도 불구하고 재판정에서 자신의 주장을 철회하고, 다시는 그런 주장을 하지 않겠다고 서약까지 했다(제2차 재판). 비록 진심은 아니었다 할지라도 말이다.

이것이 의미하는 바는 어떤 주장이나 이론은 목숨을 걸만큼 절대적이지 않다는 것이다. 하지만 누군가를 자신의 '주인으로 모시고' 그분의 가르침을 따라 '산다'라고 할 때, 사는 문제는 곧 죽는 문제와도 직결된다. 그리스도를 따라 산다는 것은 그분과 그분의 가르침을 버리거나 배반하는 것은 곧 죽음이며, 삶에 아무런 의미도 없다는 것을 뜻한다. 그리스도인은 어떤 상황, 어떤 순간에도 자신의 주인으로 모신 그리스도의 가르침을 따라 사는 사람이다.

가르침만 따르고 인격적 관계를 맺지 않는 믿음

그러나 그리스도를 자신의 구원자로, 주인으로 영접한 것과는 무관하게 단지 그분의 가르침이 좋아서 그리스도인들처럼 사는 사람들이 있다. 예수 그리스도의 가르침이 너무도 고상하여 그런 삶을 추구하는 사람들이다.

여기에는 복음과 예수님의 가르침 속에 들어 있는 사상이 좋아서[1], 박애 정신이나[2], 비폭력주의가 좋아서[3] 거기에 매료된 사람들도 포함될 수 있다. 그리고 예수 그리스도의 가르침이 처세술이나, 행복한 삶, 성공적인 삶, 리더십의 비결처럼 여겨지기 때문에 예수 그리스도의 가르침을 받아들인 사람들도 포함된다.

하지만 이런 사람들은 예수 그리스도와는 아무런 '관계가 없는 사람들'이다. 이런 사람들은 결코 예수님과 자신들 사이에 '관계'를 만들지 않는다. 그리스도의 가르침은 좋지만, 그리스도가 자신의 주인 되는 것에는 명확하게 선을 긋고 있는 사람들이다.

그리스도를 자기 주인으로 모시지 않았다는 것은 자기

의 주인을 그리스도 외에 다른 것에 두고 있다는 뜻이다. 그것은 자기 자신일 수 있고, 재물일 수도 있으며, 부모와 자식, 배우자일 수도 있다. 혹은 출세나 성공일 수도 있고, 아니면 어떤 사상이나 신념일 수도 있으며, 다른 종교에서 신봉하는 어떤 대상일 수도 있다.

이들은 스스로 결코 넘어서는 안 되는 선을 그어놓고 산다. 그리스도의 가르침은 좋으나 그리스도가 자신의 주인이 되는 것을 거부한다. 예수 그리스도를 자신의 구원자로 영접하는 대신 그분의 가르침만 추구한다. 우리는 이런 사람을 일컬어 '경건의 모양은 있으나 경건의 능력은 없는 사람'이라고 부른다.

그리스도 없는 경건과 신앙

어느 날 부자 청년이 예수님을 찾아와 '어떻게 하면 영생을 얻을 수 있습니까?' 하고 물었다(마 19:16). 예수님께서는 이 청년에게 이렇게 말씀하셨다.

"네가 생명에 들어가려면 계명들을 지키라"(19:17).

"저는 계명들을 다 지키었습니다." 청년이 대답했다.

"네가 온전하고자 할진대 가서 네 소유를 팔아 가난한 자들에게 주라. 그리하면 하늘에서 보화가 네게 있으리라.

그리고 와서 나를 좇으라"(19:21). 그리고 이러한 요구를 따르면 영생을 얻을 수 있다고 예수님께서 말씀해 주셨다.

'소유를 팔아 가난한 자들에게 주라'는 요구는 그가 기존에 의지하고, 신뢰하는 것을 버리라는 뜻이었다. '와서 예수님을 좇으라'는 요구는 예수님을 주인으로 모시고 그분을 절대 의지하며 예수님과 인격적인 관계를 맺으며 살라는 뜻이었다.

그런데 이 부자 청년은 재물이 많기 때문에 예수님의 말씀을 듣고 근심하면서 갔다. 그는 '살인하지 말라, 간음하지 말라, 도적질하지 말라, 거짓 증거하지 말라, 네 부모를 공경하라, 네 이웃을 네 몸과 같이 사랑하라'는 하나님 말씀을 철저히 실천했다. 그는 하나님 말씀의 좋은 부분을 지키며 살았다. 영생에 대한 깊은 고뇌와 노력도 있었다. 그러나 하나님 말씀이 증거하는 예수 그리스도와는 아무런 관계를 맺지 않았다.

> "너희가 성경에서 영생을 얻는 줄 생각하고 성경을 상고하거니와 이 성경이 곧 내게 대하여 증거하는 것이로다. 그러나 너희가 영생을 얻기 위하여 내게 오기를 원하지 아니하는도다"(요 5:39~40).

당신은 어떤가? 혹시 이 부자 청년처럼 예수님과 관계 맺지 않은 채 하나님의 말씀을 따라 생활하고 있지는 않은가? 기독교에서 말하는 고상한 삶의 방식에 매료되어 그리스도인들처럼 살고 있지 않은가?

하나님의 말씀을 따라 사는 그것이 곧 그리스도인이 되고, 구원받는 것으로 생각한다면 그것은 착각이다. 방금 살펴본 부자 청년처럼 예수님과 상관없이 하나님의 말씀을 따라 사는 일이 가능하기 때문이다.

그리스도인이 되는 것은 예수 그리스도와 인격적인 관계를 맺는 데서 출발한다. 예수님과 자신을 분리할 수 없는 관계가 되고, 그런 관계에서 예수 그리스도의 가르침을 따라 사는 사람이 그리스도인이다. 따라서 하나님의 말씀이 증거하는 예수 그리스도와 관계 맺지 않은 부자 청년을 생각하면서 당신이 진정한 그리스도인지 살펴보기를 바란다.

그리스도인이 아니면서도 하나님을 섬기고, 하나님의 말씀을 따라 생활하는 것이 가능하다는 것을 좀 더 말하고자 한다. 누구든지 자신의 구원과 무관하게 그리스도인처럼 생활할 수 있다.

우리는 이것을 사도행전 10장에 등장하는 고넬료에게

서 볼 수 있다. 그는 이방인이다. 그는 로마 군인이요, 백부장이다. 성경은 "그가 경건하다"고 말한다(행 10:2). 그는 하나님을 경외하고, 많은 백성을 구제하며, 항상 기도하는 경건한 생활을 했다.

그는 사람들로부터 의인이요, 경건한 사람이라는 칭찬까지 받았다. 자신은 물론 자기 집에 거하는 모든 식솔까지도 하나님을 경외하도록 한 사람이다(행 10:1~2).

그럼에도 그는 구원받은 사람은 아니었다. 왜냐하면 예수님과 무관한 경건 생활을 하고, 예수님을 자신의 구주로 영접하지 않았기 때문이다.

그리스도를 따르는 진정한 믿음과 경건

이러한 고넬료에게 하나님께서 은혜를 베푸셨다. 하나님의 사자가 환상 중에 나타나 시몬의 집에 머무는 베드로를 청하여 그가 증거하는 예수님에 대해 들으라고 하셨다. 고넬료는 즉시 자신의 종을 보내어 베드로를 자기 집으로 초청했다. 그리고 초대받은 베드로는 고넬료의 집에 와서 고넬료와 가족들, 그리고 그의 모든 친구에게 예수님을 전했다.

베드로가 전한 복음은 예수님이 메시아라는 것, 사람들이 예수님을 십자가에 못 박아 죽였을 때 하나님께서 사흘 만에 다시 살리셨다는 것, 그리고 예수님이 산 자와 죽은 자의 재판장이 되셨다는 것, 예수에 대해서 구약의 모든 선지자가 증거했으며 예수의 이름을 힘입어 죄 사함을 받는다는 것이다.

고넬료와 그 집에 모인 사람들은 베드로가 전한 예수 그리스도에 관한 말씀을 들을 때 성령이 임했다. 그리고 예수님을 자신들의 그리스도로, 구원자로, 왕으로, 하나님으로 믿었다. 예수 그리스도의 이름으로 세례받고 그분을 힘입었다. 그리하여 고넬료와 그의 가족들, 그리고 친척들과 거기 모인 모든 사람은 구원받은 사람들이 되었다.

예수님과 무관하게 하나님을 경외하며 경건하고 의롭게 살며, 구제하고 기도 생활에 충실했던 그가 이제는 예수님을 자신의 구주로 영접했다. 예수님 없이 경건할 때는 결코 구원받은 그리스도인이 아니었지만, 이제는 예수 그리스도를 믿음으로 구원받은 경건한 그리스도인이 되었다.

앞에서 말했던 부자 청년은 하나님의 말씀을 부분적으로 지키며 살았지만, 결코 구원에 이르지 못한 사람, 거의 그리스도인이 될 뻔한 사람이었다. 반면에 고넬료는 하나님의 말씀을 지키고 살다가 예수 그리스도를 개인의 구주로 영접하여 하나님 나라에 들어간 사람이 되었다.

이처럼 하나님 앞에서, 또 그리스도를 따르는 무리 속에서 경건하고 의롭고 하나님의 말씀을 따라 살면서도 그리스도인이 아닌 사람이 있는가 하면, 철저하게 그리스도를 자기 주인으로 모시고 그리스도의 가르침을 따라 사는 그리스도인이 있다.

당신은 어떤 사람인가? 혹시 당신 중심에 그리스도를 모시지 않고 그리스도인들처럼 생활하고 있지는 않는가? 그리스도를 당신의 구세주로 영접하지 않고도 자신이 하나님 나라에 들어가고, 구원받을 것으로 생각하지는 않는가?

단언컨대 그리스도가 없는 사람은 하나님 나라도 없다. 그리스도가 없는 사람은 결코 천국에 들어가지 못한다. 그리스도인처럼 살면 선하게 보일 수는 있지만, 그것만으로는 하나님 나라에 들어갈 수 없다. 천국의 문 앞까지 갈 수는 있을지 모르지만, 결코 하나님 나라에 들어갈 수 없다. 예수 그리스도께 자신을 온전히 헌신함이 없이는 죄 사함도, 영원한 생명도 없다.

그리스도를 믿는 것처럼 흉내 내거나, 그분의 가르침이 고상하므로 그것을 따라 산다고 해서 심판을 면제받는 것은 아니다. 오직 예수 그리스도를 믿고 전적으로 그분을 힘입을 때만, 심판에 이르지 않으며 사망에서 생명으로 옮겨진다. 예수 그리스도가 영생에 이르는 좁은 문이기 때문이다(마 7:13~14).

다시 말하지만, 그리스도가 없는 사람은 구원에 이를 수 없다. 예수 그리스도를 자신의 구세주이자 주인, 왕, 하나님으로 받아들이고, 그분의 가르침에 따라 살며, 모든 순간 그분을 의지할 때만 구원이 주어진다(행 16:31).

만일 예수 그리스도를 영접했다면, 이미 구원받은 사람이다. 그는 구원을 확신하며 살아야 하며, 조금도 의심하지 않고 믿음으로 그 사실을 신뢰해야 한다. 그리하면 자신이 영생을 소유했음을 알게 될 것이다.

> 또 증거는 이것이니 하나님이 우리에게 영생을 주신 것과 이 생명이 그의 아들 안에 있는 그것이니라. 아들이 있는 자에게는 생명이 있고, 하나님의 아들이 없는 자에게는 생명이 없느니라. 내가 하나님의 아들의 이름을 믿는 너희에게 이것을 쓴 것은 너희로 하여금 너희에게 영생이 있음을 알게 하려 함이라(요일 5:11~13).

3.
주여, 주여만 하고 끝난 사람들

마태복음 7:21~23

　우리는 앞에서 거의 하나님 나라에 들어갈 뻔한 두 부류의 사람들을 살펴보았다. 첫째는 복음을 듣고 설득당할 뻔한 사람이고, 둘째는 그리스도 없이 그리스도인처럼 사는 사람이다. 이제 셋째 부류, 곧 '주여, 주여 하는 사람들'에 대해 살펴보려고 한다. 마태복음 7:21~23 말씀이다.

> "나더러 주여 주여 하는 자마다 천국에 다 들어갈 것이 아니요, 다만 하늘에 계신 내 아버지의 뜻대로 행하는 자라야 들어가리라. 그 날에 많은 사람이 나더러 이르되 주여 주여 우리가 주의 이름으로 선지자 노릇하며 주의 이름으로 귀신을 쫓아내며 주의 이름으로 많은 권능을 행치 아니하였나이까 하리니 그 때에 내가 저희에게 밝히 말하되 내가 너

희를 도무지 알지 못하니 불법을 행하는 자들아 내게서 떠나가라 하리라"

우리는 이 말씀에서 거의 하나님 나라에 들어갈 뻔했지만, 결국 들어가지 못한 사람들이 누구인지 알 수 있다.

주여라고 부르는 말의 본래의 뜻

'주여, 주여'라고 고백하는 자들 중에도 천국에 가지 못한 자들이 있다. '주여, 주여' 하는 자들은 적어도 교회로 모인 사람들과 함께하는 자들이다(21절).

'주'라는 말은 '하나님'이나 '왕'을 가리킨다. 그리고 '주인'을 뜻한다. '주여'라고 하면 '나의 주인이시여'라고 부르는 말이다. 예수님을 향해 "당신은 나의 주인이십니다. 저는 당신의 종입니다"라고 고백하는 말이다.

예수님을 주인으로 모시고 사는 사람은 자기 뜻을 버리고 주인 되신 예수님의 뜻을 따라 산다. 왜냐하면 자신은 예수님의 종이기 때문이다.

종에게는 자기 견해나 자기주장이 없다. 오직 주인의 말과 뜻만 있을 뿐이다. 종에게는 자유나 권리, 자신이 선호하는 것이 없다. 자기가 좋아하는 것을 위해, 자기 목표를 위한 자율적인 선택과 결정도 없다. 오로지 주인에 대한 절대복종과 헌신만이 있을 뿐이다.

이른 아침부터 밤늦게까지 일해서 엄청난 성과를 얻었다고 해서 그것이 그 종에게 자랑거리가 되지 않는다. 주인이 그 종에게 감사를 표해야 하거나, 합당한 보상을 해야 할 의무도 없다. 그 일은 종에게 있어서 마땅히 할 일을 한 것뿐이다.

그러므로 '주여'라고 진심으로 말하는 사람들은 예수님을 주인으로 모시고 그분의 종이 되어 사는 사람이다. 오직 주인 되신 예수님의 뜻만을 추구하며 그분에게 절대복종과 헌신한 사람이다. 이렇게 진심으로 '주여, 주여' 하는 사람들은 하나님 나라에 들어간다.

그런데 '주여, 주여' 한다고 해서 모두 다 천국에 들어가는 것은 아니다. 주님께서 이점을 분명히 말씀하셨다.

> 나더러 주여 주여 하는 자마다 천국에 다 들어갈 것이 아니요.

'주여, 주여' 하는 사람들이 "천국에 들어가는데 다 들어가는 것은 아니라"고 말씀하셨다. 어떤 사람들은 천국 문 앞에서 지옥으로 가는 사람들이 있다는 뜻이다.

그러면 어떤 사람이 '주여, 주여' 하고 예수님을 불렀음에도 불구하고 천국의 문 앞에서 지옥으로 떨어지는가?

형식적 고백으로는 하나님 나라에 들어가지 못한다

첫째, 거짓 고백을 하거나 형식적으로 고백하는 사람들이다. 다른 사람이 그렇게 하니까 자신도 덩달아서 '주여' 하고 부르는 사람들이다. 또는 위선적으로 주라고 부르는 사람들도 마찬가지다.

이런 사람은 항상 입술에 '주여'라는 말을 달고 살지만, 예수님을 자신의 주인으로 받아들이거나, 자신을 예수님께 전적으로 맡기지 않는다. '주여'라고 예수님을 부르지만, 여전히 자신이 주인 노릇을 하며 예수님을 밀쳐낸다. 이런 사람은 '내가 나를 사는 것이 아니라 예수 그리스도께서 나를 산다'는 것을 절대로 경험하지 못한다. 예수님을 진심으로 자기 주인으로 모시지 않은 사람은, 예수의 참된 종이 될 수 없다. 따라서 이런 사람들은 천국 문 앞까지는 갈 수 있지만, 절대로 하나님 나라에 들어갈 수 없다.

'주여, 주여' 하면서도 천국에 들어가지 못하는 사람들은 우리가 상상한 것보다 많을 것이다. 예수님은 분명하게 '다 천국에 들어갈 것이 아니요'라고 말씀하셨고, 또 "그날에 '많은 사람이' 나더러 이르되 주여, 주여, 우리가 주의 이름으로…."(7:22) 하면서 항변할 것이라고 말씀하셨다.

세계 50대 교회에 속한 한국 교회가 여럿 있다. 그리고 수백 명, 수천 명, 수만 명씩 모이는 교회들도 참으로 많다. KOSIS(통계청)의 2017년 자료에 따르면 우리나라 인구 약 5,000만 명 중에서 기독교(개신교) 인구가 9,675,761명, 천주교가 3,890,311명 정도인데 이 숫자는 지나가는 사람 5명 중 1명은 천국 간다는 사람의 수이다.

하지만 예수님의 말씀에 따르면 이 모든 사람이 다 천국에 가지 못한다. 주님이 오시는 그날에, 많은 사람이 천국 문 앞에서 울고 통곡하는 일이 생긴다. 그 '많은 사람' 중에는 목사도 있고, 장로, 권사, 집사들도 있을 수 있다. 어쩌면 우리가 '저 사람은 정말 훌륭한 신앙을 가졌다'라고 생각한 사람조차 천국에 가지 못할 수도 있다.

진실한 믿음 없이 주의 일을 하면 천국에 들어갈 수 없다

둘째, '주여, 주여' 하는 자들과 함께 주의 이름으로 '많은 일을 했어도' 천국에 들어가지 못하는 자들이 있다.

> 주여, 주여, 우리가 주의 이름으로 선지자 노릇 하며, 주의 이름으로 귀신을 쫓아내며, 주의 이름으로 많은 권능을 행하지 아니하였나이까?

 이들은 자신들이 무슨 일을 했는지를 강조해서 말한다. 그것도 주님의 이름으로 한 일을 말이다. "주여 우리가 주의 이름으로 선지자 노릇을 했습니다. 주의 이름으로 귀신을 쫓아냈습니다. 주의 이름으로 권능을 행했습니다. 그것도 많이 했습니다. 우리가 이렇게 주의 이름으로 많은 일들을 했는데 어찌하여 천국에 들어갈 수 없습니까?"

 그렇다. 분명한 것은 아무리 많은 일들을 주의 이름으로 했어도 그것이 하나님 나라에 들어가는 열쇠가 되지는 않는다. 주의 이름으로 행하는 사역에 눈코 뜰 새 없이 바쁘고, 또 주어진 일들을, 최선을 다해 처리해도 그것이 천국을 보장하지 않는다. 교회나 기독교 기관에서 헌신적으로 일하고 엄청난 성과를 거두어 사람들의 칭찬을 받는다 해도, 그것이 천국 입성의 보증수표가 될 수는 없다. 또한 교회에서 봉사하고 많은 헌금을 드려 발전에 이바지했다고 해도 그것만으로 하나님 나라에 들어가는 것은 아니다. 결국 우리의 헌신과 봉사, 선행과 업적, 다시 말해 우리의 '행위'는 하나님 나라에 들어가는 열쇠가 아니다.

만일 주의 일을 열심히 했는데도 이런 비극적인 일이 당신에게 닥친다면, 예수님에게 항변할 것이다. 너무나 뜻밖이라 두 눈 부릅뜨고 주님께 달려들어 소리칠 것이다. 자신이 한 일들을 낱낱이 열거하면서 얼굴 벌게서 이의를 제기할 것이다. 그럼에도 하나님 나라에 들어갈 수는 없다. 당신의 뜻은 하나도 받아들여지지 않을 것이다.

그렇다면 누가 하나님 나라에 들어갈 수 있는가? 누가 구원받고 영생에 이를 수 있는가?

> 너희는 그 은혜에 의하여 믿음으로 말미암아 구원을 받았으니 이것은 너희에게서 난 것이 아니요 하나님의 선물이라. 행위에서 난 것이 아니니 이는 누구든지 자랑하지 못하게 함이라(엡 2:8~9).

하나님 나라에 들어가고 구원받게 하는 것은 우리의 행위가 아니라 믿음이다. 누구든지 하나님과 예수님을 믿는 믿음으로 구원받는다. 다시 말해, 우리의 믿음을 보고 구원하시는 하나님의 은혜로 구원받는다. 구원은 행위로 획득하는 것이 아니라, 오직 은혜로 주어지는 하나님의 선물이고 믿음으로 받는다.

그러므로 우리는 기억해야 한다. 하나님의 은혜를 배제한 채 주의 이름으로 많은 일을 한다고 해서 구원에 이를 수는 없다는 사실을. 그리고 믿음이 아닌 행위로는 천국에 들어갈 수 없다는 사실을 반드시 기억해야 한다.

선지자 '노릇'만으로는 하나님 나라에 들어갈 수 없다

셋째, 하나님의 말씀으로 사람들을 위로하고 가르쳤다 하더라도 천국에 들어가지 못할 수 있다. '주여, 주여' 하는 자들이 행한 일은 세 가지다. 첫째는 선지자 노릇이다. 선지자는 하나님이 계시하신 뜻을 전달하고(예언) 가르치는 사람이다. 선지자는 하나님이 계시해 주시지 않으면 말하지 않는다. 그러나 하나님께서 말씀하시면 선지자도 말한다. 어떤 상황에서도 하나님의 말씀을 전달한다. 그래서 하나님의 백성들을 하나님이 바라는 대로 인도한다. 그것이 선지자가 하는 일이다.

그런데 선지자 '노릇을 하는' 이들이 있다. 그들은 하나님 나라에 들어가지 못한다. 왜 하나님 나라에 들어가지 못하는가? 무엇 때문에 선지자 노릇을 한 사람들이 천국에 들어가지 못하는가?

그것은 그들이 거짓 선지자이기 때문이다. 거짓 선지자는 하나님이 말씀을 주지 않았는데도 하나님이 말씀하신 것처럼 꾸며서 말한다. 하나님의 뜻은 진노요 심판인데, 이들은 '평안하다'고 거짓으로 백성들을 위로한다. 하나님이 보시기엔 위기인데, 이들은 '안전하다'며 사람들을 속인다. 마치 자신들이 하나님의 말씀을 받아 예언한 것처럼 행동한다. '선지자 노릇'을 하는 것이다.

이들은 하나님과도, 예수님과도 아무런 관계가 없는 사람들이다. 하나님도, 예수님도 알지 못하는 이들이다. 단지 흉내만 낼 뿐이다. 거짓과 속임수, 위증으로 백성들을 현혹하는 데 능한 자들이다. 이들은 진정한 선지자가 아니다. 단지 선지자 노릇만 할 뿐이다.

그러므로 이들은 결코 천국에 들어가지 못한다. 선지자 놀이를 하고, 흉내 내는 것으로는 하나님 나라에 들어갈 수가 없다. 하나님의 말씀을 아무리 능숙하게 가르치고, 설교를 잘한다 해도 예수님과 인격적인 관계가 없으면 하나님 나라에 들어갈 수 없다.

반대로 예수 그리스도와 인격적인 관계를 맺고, 진정한 유대감을 형성하면서, 주님과 함께 살아가는 사람은 반드시 하나님 나라에 들어가게 된다. 예수님을 자기 삶의 주인으로 모시고, 그분의 뜻에 따라 삶의 방향과 가치를 결정하며 살아가는 사람은 하나님 나라에 넉넉히 들어갈 수 있다.

초자연적 기적을 행해도 천국에 들어가지 못한다

넷째, 아무리 초자연적인 기적과 은사를 행했더라도 하나님 나라에 들어가지 못할 수 있다. '주여, 주여' 하면서 주님의 이름을 부른 사람들이 행한 두 번째 일은 주의 이름으로 귀신을 쫓아낸 일이다. 그리고 세 번째 일은 많은 권능을 행한 일이다. 이것은 초자연적인 기적을 일으킨 것을 의미한다. 이처럼 주의 이름으로 귀신을 쫓아내고 놀라운 기적을 일으켰어도 천국에 들어가지 못할 수 있다.

큰 기적을 일으키는 권능은 반드시 하나님으로부터 온 것이라고 말할 수 없다. 이런 권능은 악한 영, 귀신으로부터도 나올 수 있다.

예수님은 이렇게 경고하셨다.

> 거짓 그리스도들과 거짓 선지자들이 일어나 큰 표적과 기사를 보여 할 수만 있으면 택하신 자들도 미혹하리라(마 24:24).

하나님은 천국 백성이 아니더라도 얼마든지 그에게 권능을 주셔서 당신의 뜻을 이루는 데 사용할 수 있다. 욥기에서 보듯, 하나님의 허락하에 사탄이 욥의 모든 소유를 빼앗고, 자녀들을 죽이며, 욥의 몸에 질병을 일으켰다(욥 1:12). 이처럼 어떤 권능과 기사는 어둠의 영들도 얼마든지 행사할 수 있다. 거짓 그리스도들과 거짓 선지자들도 이적을 일으킬 수 있다.

그러므로 권능을 행사했다고 그 권능이 하나님에게서 온 것이라고 단정 지을 수 없다. 또 하나님 나라에 들어가는 열쇠가 되는 것도 아니다. 귀신 들린 자를 자유롭게 하고, 지체장애인을 고치며, 병든 자를 치료해서 살렸다고 해도 그 사람이 구원과 무관한 경우는 얼마든지 있을 수 있다. 구원은 큰 권능을 행사했다고 해서 주어지는 것이 아니다.

또한 하나님 나라는 성령의 은사로 가는 것이 아니다. 천국은 하나님의 은혜로 들어간다. 우리를 구원하는 것은 은사가 아니라 하나님의 은혜이다. 그러므로 많은 기적을 행하고 여러 가지 은사를 가졌다고 해서 자신이 천국 갈 줄로 생각하는 것은 큰 착각이다. 하나님 나라는 예수님을 믿는 믿음으로 들어가고, 하나님의 은혜로 구원 얻는다.

불법을 행한 자들의 근본 원인

그렇다면 이 사람들이 하나님 나라에 들어가지 못하는 이유는 무엇인가? 왜 주의 이름으로 선지자 노릇을 하고, 귀신을 쫓아내며, 많은 권능을 행했음에도 불구하고 하나님 나라에 들어가지 못한 것일까? 마태복음 7:23이다.

> 그 때에 내가 저희에게 밝히 말하되 내가 너희를 도무지 알지 못하니 불법을 행하는 자들아 내게서 떠나가라 하리라.

첫째는 예수님께서 알지 못하는 사람들이다. 둘째는 주의 이름으로 행한 모든 일을 불법으로 했기 때문이다.

앞에서 언급했듯이 예수님을 '주여'라고 부르고 고백하는 사람은 예수님을 주인으로 모신 사람이며, 자신이 예수님의 종이 된 사람이다. 종은 주인이 시키는 일만 한다. 주인의 뜻에만 순종하고 일한다. 종은 철저하게 주인에게 복종하고 헌신한다.

그런데 여기 등장하는 사람들은 입으로는 예수님을 향해 '주여, 주여' 부르면서도 실제로는 예수님을 자신의 주인으로 모시지 않았다. 그들은 한 번도 예수님의 충성스러운 종이 된 적이 없다. 오히려 자기 자신이 자기 삶의 주인이었다.

심지어 그들은 주의 이름으로 선지자 노릇도 하고, 주의 이름으로 귀신도 쫓아내고, 주의 이름으로 많은 권능을 행했지만, 이 모든 것들은 주인 되신 예수님이 원해서 한 일이 아니다. 자신들이 원해서 자기 뜻에 따라 그렇게 했다.

이들이 행한 모든 일이 주의 이름으로 행해졌기 때문에 겉으로는 주님의 뜻처럼 보일지 모르지만, 실제로는 오만방자하게 주 예수의 이름을 도용하여 함부로 사용한 것이다. 곧 불법을 저지른 것이다.

이는 어떤 사람이 현대나 삼성, LG와 같은 대기업의 이름을 도용하여, 마치 그 기업의 상품인 것처럼 만들어 판 것과 같다. 이것은 지적재산권 침해요 상표를 도용한 불법이다.

예수님도 모르고, 그분과 아무런 관계도 없으면서 마치 종인 것처럼 행동한다. 예수님의 뜻에는 아무런 관심이 없으면서도 마치 예수님의 뜻인 것처럼 예수님의 이름을 도용해서 선지자 노릇을 하고 귀신을 쫓아내며 많은 권능을 행사한다. 이것은 엄연한 불법이다. 이런 사람은 결국 하나님 나라의 문 앞에서 내쫓김을 당하게 된다.

하나님 나라에 들어가는 사람

그렇다면 우리는 어떻게 해야 천국 문 앞에서 쫓겨나지 않고 하나님 나라에 들어갈 수 있는가? 지금까지 살펴본 대로, 단지 입술로만 '주여, 주여' 하거나, 예수님을 진심으로 영접하지 않고, 마음 깊은 곳에서 우러나온 믿음이 없는 사람은 결코 천국에 들어가지 못한다. 하나님의 계시 없이 하나님의 말씀을 전달하며 선지자 노릇을 하는 사람도 하나님 나라에 들어가지 못한다. 그런가 하면 주의 이름으로 많은 기적을 행하고 귀신들을 쫓아낸다고 할지라도 불법으로는 하나님 나라에 들어가지 못한다.

그렇다면 누가 하나님 나라에 들어가는가? 마태복음 7:21b은 이렇게 말한다.

> 다만 하늘에 계신 내 아버지의 뜻대로 행하는 자라야 들어가리라.

하나님 나라에 들어가는 사람은 바로 하나님의 뜻대로 행하는 자가 들어간다. 이것이 하나님께서 우리 인생에 주신 명확한 기준이며, 하나님의 답이다.

아버지의 뜻

그러면 '아버지의 뜻대로 행하는 것'이 무엇인가? 하나님의 뜻을 알아야 그 뜻대로 행할 것이고, 그래야 하나님 나라에 들어갈 수 있다.

하나님 아버지의 뜻은 이미 성경에 다 기록이 되었다. 성경에서 하나님의 뜻은 크게 두 가지로 나눌 수 있다. 첫째는, 예수 그리스도를 믿고 영생을 얻는 것이다.[1]

> 너희가 성경에서 영생을 얻는 줄 생각하고 성경을 상고하거니와 이 성경이 곧 내게 대하여 증거하는 것이로다(요 5:39).

> 내 아버지의 뜻은 아들을 보고 믿는 자마다 영생을 얻는 이것이니 마지막 날에 내가 이를 다시 살리리라(요 6:40).

우리가 우리의 죄로 인하여 멸망하지 않고, 영생 얻는 것이 하나님의 뜻이다.

둘째, 하나님의 뜻은 하나님의 백성으로서 하나님 나라의 삶을 사는 것이다. 즉, 거룩하게 사는 것이며 공의와 정의를 행하며 사는 것이다. 하나님은 당신의 뜻을 성경에 기록하셔서, 그 백성들이 어떻게 살아야 하는지 분명히 계시하셨다.

하지만 먼저 하나님의 백성이 되어야 이 삶을 살 수 있다. 다시 말해, 하나님의 자녀가 되고, 하나님의 가족이 되어야 하나님 나라의 윤리를 행할 수 있다.

하나님의 자녀가 되는 것이 먼저다. 삶의 변화는 그다음이다. 하나님의 자녀가 되려면 반드시 예수님을 영접해야 한다. 다른 방법은 없다. 이것만이 하나님의 자녀가 될 수 있는 유일한 길이다. 요한복음 1:12~13 말씀이다.

> 영접하는 자 곧 그 이름을 믿는 자들에게는 하나님의 자녀가 되는 권세를 주셨으니 이는 혈통으로나 육정으로나 사람의 뜻으로 나지 아니하고 오직 하나님께로서 난 자들이니라.

예수님을 영접하고 하나님의 자녀가 되면, 하나님의 뜻대로 행할 수 있다. 예수님을 주인으로 모시면 주인이 하나님의 뜻대로 행하시기 때문에, 그 종도 주인이 시키는 일만 하면 하나님의 뜻대로 행할 수 있다. 불법이나 편법을 저지르지 않게 된다. 그러므로 예수님을 자신의 구원자로 영접하는 것이 답이다.

자기 믿음을 점검해 보라

지금까지 살펴본 내용을 통해, 우리는 자기 구원의 근거가 어디에 있는지, 하나님 나라에 들어가는 길을 어디에 두고 있는지 점검할 필요가 있다. 입술로 '주여, 주여'라고 고백하는 데 그치지는 않는지, 다른 사람들이 그렇게 하니 따라 하는 흉내에 머물러 있지는 않은지 돌아보아야 한다. 혹은 주의 이름으로 많은 일을 하고, 어려운 사람을 돕고 가난한 이에게 구제하며 선교적인 활동을 많이 하면 천국에 갈 수 있다고 믿고 있지는 않은가? 주의 이름으로 선지자 역할을 하거나, 권능을 행하고 귀신을 쫓아내는 일로 자신이 천국에 들어갈 자격이 있다고 스스로 착각하고 있지는 않은가? 반드시 자기를 점검해야 한다.

예수님은 입술로 하는 고백이나 행위만으로는 하나님 나라에 들어갈 수 없다고 분명히 말씀하셨다. 주의 이름으로 선지자 노릇을 하거나 권능을 행한다고 해서 구원이 주어지는 것은 아니다. 이러한 사실을 모르거나 착각하고 있다면, 천국 문 앞에서 "내가 너를 알지 못한다. 불법을 행한 자여 내게서 떠나가라"는 무서운 음성을 듣게 될 수도 있다.

따라서 하나님 아버지의 뜻을 따라 예수 그리스도를 자신의 구원자로 믿는 것이 중요하다. 예수님과 인격적인 관계를 형성하고, 그분을 주인으로 모시며, 그분의 뜻에 따라 삶을 살아가는 것이 필요하다. 더 나아가 하나님의 뜻은 하나님의 말씀에 순종하며 살아가는 것이다. 하나님의 말씀을 따라 살아갈 때, 우리는 거룩한 사람이 되고, 우리의 행동은 공의와 정의를 실현하는 행동이 된다.

그리하면 우리는 아버지의 뜻을 실천할 수 있으며, 결코 불법을 행하지 않게 된다. 오직 하나님을 기쁘시게 하는 일을 행하게 된다. 이 책을 읽는 동안, 당신 믿음의 현주소를 점검하고, 온전한 믿음의 길로 나아가며, 참된 구원의 확신과, 하나님 나라 백성의 삶을 누리기를 바란다.

제2부

반쪽 믿음과 껍데기 믿음을 넘어

4.
반만 믿지 말고 온전히 믿어라

고린도전서 15:12~19

하나님과 예수님을 향한 믿음에는 여러 모습이 있다. 어떤 이는 여호와 하나님을 유일하신 하나님으로 고백하지 않고, 세상의 많은 신들 가운데 하나로만 여긴다. 또 어떤 이는 여호와를 하나님으로 믿으면서도 예수님이 하나님의 아들이요 그리스도이심을 부인한다. 하나님을 위한다고 하면서도 오히려 예수님을 대적하거나, 예수님을 단지 위대한 선지자나 존경받는 위인 정도로만 평가하는 이들도 있다.

그런데 이런 믿음 가운데에는, 예수님을 믿기는 하지만 '온전히'가 아니라 '절반만' 믿는 믿음도 있다. 그렇다면 '반쪽짜리 믿음'이란 무엇인가?

반만 믿는 믿음이란

예수님을 반만 믿는 믿음은, 예수님의 역사적 존재는 믿지만, 그리스도(메시아)로 믿지 않는 믿음이다. 예수님이 사람이심은 인정하지만, 하나님의 아들이심은 부인하는 믿음이다. 예수님의 인성은 믿지만, 그분의 신성은 거부하는 것이다. 예수님의 육체적 활동과 인간적인 삶은 믿으면서도, 그분이 일으킨 기적들은 믿지 않는다. 또 예수님이 이루신 구원 사건을 믿으면서도, 오직 믿음으로만 구원받을 수 있다는 진리를 받아들이지 않고 반드시 율법을 지키는 행위가 있어야 한다고 믿는 믿음이다.

또한 예수님의 가르침이 훌륭하다고 말하지만, 예수님의 성육신 사건은 거부한다. 무엇보다도 예수님께서 십자가에서 대속적인 죽음을 죽으셨다는 것은 믿지만, 그분의 부활은 믿지 않는다. 이런 믿음이 '반쪽짜리 믿음'이다.

사두개인들이 부활이 없다고 한 것처럼, 고린도 교회 안에도 예수님의 죽으심은 믿지만 부활을 부인하는 사람들이 있었다. 사도 바울은 이것에 대해 이렇게 묻는다.

그리스도께서 죽은 자 가운데서 다시 살아나셨다 전파되었

거늘 너희 중에서 어떤 사람들은 어찌하여 죽은 자 가운데 부활이 없다 하느냐?(고전 15:12)

바울은 잘못된 믿음을 바로잡기 위해 고린도전서를 기록했다. 그는 예수님의 부활이 성경에 예언된 사건임을 분명히 하며, 수많은 증거와 목격자가 있음을 증언한다. 자신 또한 그 목격자 가운데 한 사람임을 고백한다. 나아가 바울은 부활이 실제로 있기 때문에 하나님께서 예수 그리스도를 죽은 자 가운데서 살리셨고, 사도들 역시 그 죽음과 부활을 전파한 것이라고 말한다.

반쪽만 믿는 믿음의 결과는 참담하다

사도 바울은 예수 그리스도의 부활을 부인하는 이런 반쪽 믿음이 얼마나 잘못된 것인지 단호하게 말한다. 그는 예수님의 대속적인 죽음은 믿지만 부활을 믿지 않는 믿음을 가리켜 "우리 믿음이 헛되다"(고전 15:17)라고 규정한다. 곧 아무런 열매도 맺지 못하고 결과도 만들어내지 못하는, 아무짝에 쓸모없고 가치 없는 믿음이라는 뜻이다.

믿음의 목표는 영혼의 구원이다(벧전 1:9). 부활을 믿지 않는 믿음, 이런 헛된 믿음은 믿는 자의 영혼을 구원하지 못한다. 그래서 사도 바울은 그리스도께서 다시 살아나신 일이 없으면 '우리가 여전히 죄 가운데 있다'라고 말한다(고전 15:17). 다시 말해, 하나님의 진노의 심판과 죄의 형벌을 받을 수밖에 없다는 뜻이다.

사도 바울은 만일 부활이 없다면 '부활을 믿고 죽은 자들은 다 망하게 되었다'라고 말한다(고전 15:18). '망하게 되었다'는 뜻은 다시 살아나지 못해 '멸망했다'는 뜻이다. 이 말은 부활을 기다리는 상태가 아니라 이미 멸망한 상태라는 것이다. 부활이 없다면 이미 죽은 자들은 멸망한 것이고, 부활을 소망하면서 믿고 있는 우리도 멸망하고 만다.

결국 부활이 없다면 사람이 바라는 소망은 이 세상의 삶이 전부이다. 15:19의 '다만 이 세상의 삶뿐이면'이라는 말은 사람의 삶이 '이 세상에만 해당한다면'이라는 뜻이다. 만일 이 세상의 삶이 전부라면 부활과 오는 세상에 대한 소망을 갖고 믿음 생활을 하는 '우리는 이 세상에서 가장 불쌍한 자'(고전 15:19)가 되고 만다. 있지도 않은 것을 바라고 소망하며, 이루어지지도 않을 것을 믿고, 이 세상의 삶을 전부 부활과 오는 세상에 쏟아부었기 때문이다. 그렇다면 차라리 "내일 죽을 터이니 오늘 먹고 마시자"는 식의 인생관이 더 합리적으로 보일 것이다.

그러나 부활이 있고, 하나님 앞에서 심판이 있다면, 이야기는 전혀 달라진다. 우리가 살고 있는 세상이 전부가 아니라 '오는 세상'이 있다면, 현재의 삶은 완전히 새로운 의미를 갖는다. '오늘 먹고 죽자'가 아니라 오는 세상을 바라보고 그날을 위해 모든 것을 참고 인내하는 삶이 된다. '잠시 잠깐의 삶'이 아니라 '영원한 삶'을 기대하고 준비하게 된다. 죽은 자 가운데서 부활하신 예수 그리스도를 믿으면서 우리도 부활을 꿈꾸게 된다. 그리고 거룩하신 하나님 앞에 흠도 티도 없는 모습으로 서기 위해 거룩한 생활을 하게 된다. 노아 시대 사람들처럼 먹고 마시고 시집가고 장가가고 하면서 방탕하게 사는 것이 아니라, 내일이 있고 부활이 있기 때문에 절제와 거룩으로 살아가는 것이다.

왜 부활을 믿지 못하는가

죽은 사람이 다시 살아나는 것을 쉽게 믿을 수 있는 것은 아니다. 단순히 소생하는 것이 아니라, 죽고 완전히 썩어서 흙으로 돌아간 사람이 다시 살아난다는 것을 믿는 데

상당한 어려움이 있다. 사람들이 부활을 믿지 못하는 이유에는 몇 가지가 있다.

첫째, 경험의 한계 때문이다. 우리는 주변에서 죽은 사람은 보아도 부활한 사람은 보지 못했다. 인류 역사에서 지금까지 실제로 부활한 사람은 오직 예수 그리스도 한 분뿐이다. 그래서 성경은 부활하신 예수님을 가리켜 '부활의 첫 열매'(고전 15:20)라고 부른다. 예수 그리스도께서 사망의 권세를 깨뜨리고 부활하시면서 죽은 자들이 부활할 수 있는 문을 열어놓으셨다. 그 때문에 앞으로 많은 사람들이 부활할 것이다. 하지만 '앞으로'라는 시점은 바로 예수 그리스도께서 이 세상에 재림하실 때이다. 이는 예수님의 부활 이후로 지금, 이 순간까지 부활한 사람이 없었다는 뜻이다. 그러니 부활을 믿는 것이 쉽지 않다.

둘째, 과학적 이해의 한계 때문이다. 과학적인 관점에서 볼 때, 죽음은 생명이 사라졌다는 뜻이고, 아무런 활동도, 움직임도, 기능도 할 수 없다는 뜻이다. 죽었다는 것은 살 가능성이 완전히 제로라는 말이다. 그래서 모든 생명력을 상실했는데 다시 살아난다는 것은 과학적 가설에도 맞지 않다. 한마디로 과학적으로 설명할 수 없다.

사실 성경은 죽은 예수 그리스도가 스스로 살아났다고

말하는 곳도 있지만, 엄밀하게 말하면 하나님 아버지께서 예수 그리스도를 죽은 자 가운데서 살리셨다고 한다. 스스로 살아날 가능성이 완전히 사라졌기 때문에 전능하신 하나님 아버지께서 예수 그리스도를 죽은 자 가운데 그대로 두지 않고 다시 살리셨다(롬 8:11; 10:9)고 한다. 예수님은 하나님 아버지의 권능으로 사망의 권세를 깨뜨리고 다시 살아나신 것이다.

셋째, 이성(이해)의 한계 때문이다. 인간의 이성은 경험이나 지식에 기반하여 알고 이해한다. 그러나 우리는 부활을 경험해 본 적이 없고, 모두가 이해할 만한 지식을 갖고 있지도 않다. 그래서 이성만으로는 부활을 설명하거나 받아들이는 것이 어렵다.

지금까지 말한 부활이 믿기 어려운 이유 세 가지는 모두 인간의 입장에서 출발점을 두고 있다. 유한 인간의 능력과 경험에 기초하여 예수님의 부활을 이해하려고 하면 부활은 불가능하다. 그리고 이해도 되지 않으니, 예수님의 부활을 믿을 수 없다고 한다.

그러나 출발점을 전능하신 하나님께 두면 불가능은 사라진다. 하나님께는 불가능이 없다. 부활을 전능하신 하나님께서 하신 일로 '받아들이면' 모든 것을 이해할 수 있다. 우리는 우리의 능력 밖의 일들, 우리의 이해 범주를 초월한 일들은 오직 하나님으로부터 출발해야 한다. 그렇지 않고 우리 눈과 이해하는 수준으로, 혹은 과학의 수준으로 끌어내려 믿으려고 하면 믿는 것은 불가능해진다.

부활은 인간의 경험 세계에서 일어난 사건이 아니다. 전능하신 하나님께서 자연의 이치와 생사의 경계를 초월하여 일으키신 초자연적 사건이다. 말씀으로 천지 만물을 창조하신 하나님께서 예수님을 사흘 만에 다시 살리시는 일이 어찌 불가능하겠는가? 그러므로 하나님이 하신 일을 내가 이해할 수 없다고 부인하고 불신할 것이 아니다. 오히려 전능하신 하나님에게 있어서 부활은 얼마든지 가능하다고 받아들이고 믿는 것이 진리다.

하나님의 능력에서 출발한 마리아의 경우

우리는 예수님의 모친 마리아가 가브리엘 천사와 나눈 대화(눅 1:26~38)를 눈여겨볼 필요가 있다. 가브리엘 천사는 마리아에게 거룩하신 하나님의 아들을 잉태하게 될 것이라고 알렸다. 마리아는 자신이 처녀이고, "남자를 알지 못하는데 어떻게 이런 일이 가능하냐"고 물었다. 그때 가브리엘 천사는 이렇게 말했다.

> 천사가 대답하여 이르되 성령이 네게 임하시고 지극히 높으신 이의 능력이 너를 덮으시리니 이러므로 나실 바 거룩한 이는 하나님의 아들이라 일컬어지리라(눅 1:35).

동정녀가 잉태할 수 있는 것은 인간의 능력이나 방법이 아니라 하나님의 능력으로만 가능하다는 뜻이다.

가브리엘 천사는 하나님의 능력에는 불가능한 것이 없음을 마리아의 친족 엘리사벳을 사례로 들어 설명했다. 엘리사벳이 늙어서 임신할 수 없었지만, 아들을 임신한 지 6개월이 되었다고 말했다. 그러면서 "대저 하나님의 모든 말씀은 능하지 못하심이 없느니라"(눅 1:37)라고 선언했다.

하나님의 능력을 깨달은 마리아는 가브리엘 천사에게 이렇게 말했다.

> 주의 여종이오니 말씀대로 내게 이루어지이다(눅 1:38).

마리아는 인간의 능력이나 이해가 아니라 하나님의 말씀과 능력대로 될 것을 믿었다. 초월적인 일은 인간의 관점이나, 이해의 수준, 방법에서 출발하면 도무지 믿을 수 없다. 그러나 모든 것을 가능하게 하시는 하나님으로부터 출발하면 얼마든지 가능한 일이고 더 나아가 쉬운 일이 된다. 그래서 초월적인 일은 하나님으로부터 출발해야 한다.

예수님의 부활도 마찬가지다. 어쩌면 우리도 도마처럼 직접 눈으로 보고, 손으로 만져야만 믿으려는 태도를 가질 수 있다. 그러나 유한한 인간의 경험에서 출발하면 부활은 이해할 수 없는 사건이다. 하지만 전능하신 하나님으로부터 출발하면, 믿지 못할 것도 없다.

> 네가 만일 네 입으로 예수를 주로 시인하며 또 하나님께서 그를 죽은 자 가운데서 살리신 것을 네 마음에 믿으면 구원을 받으리라(롬 10:9).

반쪽 믿음은 자기 위안을 줄 수 있을지 몰라도 구원을 받을 수 없다. 온전한 믿음은, 즉 구원에 이르게 하는 믿음은 예수 그리스도의 대속적인 죽음과 부활을 함께 믿는 믿음이다. 예수님을 주로 시인하고 하나님께서 그를 죽은 자 가운데서 살리신 것을 믿는 믿음이다.

온전한 믿음만이 우리를 구원에 이르게 한다.

5.
껍데기만 붙잡은 믿음은 버려라

사사기 17:1~6

대학 시절, 배가 고파 쓰러질 것만 같던 어느 날, 길거리에서 큼지막한 빵을 아주 싼값에 팔고 있는 것을 보았다. 메뉴판에는 '공갈빵'이라고 적혀 있었다. '저렇게 큰 빵 하나면 배부르겠다.' 싶어 그 빵을 하나 샀다. 그리고 허기를 달래려고 입을 크게 벌려 한입 물었다. 순간, 푸석하고 부서졌다. 입안에 들어온 것은 아무것도 없었다. 아까운 빵 부스러기만 땅바닥에 떨어졌다. 말 그대로 속이 텅 빈 '공갈빵'이었다. 속았다는 생각이 스쳤지만, 메뉴판에 떡하니 '공갈빵'이라고 적혀 있으니 주인에게 뭐라 할 수도 없었다. 그 이후로는 일부러 공갈빵을 사 먹은 일은 없었다. 공갈빵을 만들어 파는 분들께는 미안하지만 말이다.

껍데기만 붙잡는 믿음

겉모양만 그럴듯하고 속은 비어 있는 믿음도 이와 같다. 교회 안에는 외형만 갖춘 채 본질은 결여된, 이른바 껍데기 믿음을 가진 이들이 있다.

껍데기 믿음은 말로는 하나님을 언급하지만, 마음 중심에는 하나님이 없다. 여호와 하나님 대신에 '자기'가 왕좌를 차지하고 있는 믿음이다. 여호와 하나님과 관련된 종교의식은 난무하지만, 그의 지·정·의나 말과 행위의 중심에는 여호와 하나님이 없다. 마땅히 신뢰하고 복종해야 할 여호와 하나님이 결여된 믿음이다.

껍데기 믿음은 삼위 하나님의 이름은 언급하지만, 하나님을 진정으로 사랑하고 공경하는 마음은 없다. 하나님을 높이지 않고, 그분의 영광을 위해 헌신하거나 희생하지 않는다. 오히려 헌신의 경계를 스스로 정해 놓고 그 이상은 하지 않는다. 하나님과 관련이 있어 보이는 형식만 붙잡을 뿐이다.

예를 들어, 하나님을 경외함이나 사랑하고 섬기는 마음은 없으면서 "나는 이렇게 열심히 주일 예배에 참석하니 괜찮다"라고 여긴다. 진실한 기도를 하지 않으면서 기도 모임에 참석했으니 기도한 것이나 다름없다고 생각한다. 자신을 바치는 헌신의 삶을 살지 않으면서 약간의 헌금을 드리는 것을 헌신으로 믿는다. 교회에서 몇 번 봉사한 것으로 자신은 섬김의 삶을 살고 있다고 믿는다.

껍데기 믿음은 실제 삶에서 하나님을 인정하지 않으면서도, 하나님의 이름을 자주 언급한다. 예수 그리스도를 자신의 진짜 '주'로 모시지 않으면서 말만 '주님'이라고 부른다. '주'라는 이름의 의미를 이해하거나 알지 못할 뿐만 아니라, 주의 종으로, 그분의 신하로 살아가려는 의지도 없다.[1]

결국 껍데기 믿음은 공갈빵처럼 속이 텅 비었다. 우리의 모든 것이 되시는 여호와 하나님은 없고, '종교적 형식'만 붙들고 있는 믿음이다. 경건의 능력을 부인하면서도 경건의 모양만 붙잡고 있는 믿음이다. 성경이 말씀하는 믿음과는 완전히 다른 믿음이다.

껍데기만 붙잡고 있는 믿음의 실제적인 몇 가지 사례

우리는 성경에서 껍데기만 붙잡고 믿는 사례들을 볼 수 있다. 그중 하나가 사사기 17장에 기록된 에브라임 산지

미가의 집안 이야기이다.

어느 날 미가의 집에 도둑이 들어 그의 어머니의 은 천백 개를 훔쳐 갔다. 분노한 미가의 어머니는 그것을 훔쳐 간 사람을 향해 엄청난 저주를 퍼부었다. 그런데 뜻밖에도 범인은 그녀의 아들 미가였다. 미가는 어머니의 저주가 두려워 훔친 은을 어머니에게 돌려줬다. 그녀는 즉시 태도를 바꿔 "내 아들아, 여호와께 복 받기를 원하노라"(사 17:2b)라고 축복했다.

그녀는 자신이 저주한 말도 있고 그 저주가 자기 아들에게 돌아가게 생겨서 아들이 여호와의 복을 받도록 은 천백 개를 여호와께 거룩히 드리겠다고 말한다. 이 중에서 은 이백 개로 한 신상을 새기고, 또 한 신상을 부어만들었다. 미가도 그 신상을 모실 신당을 짓고, 에봇과 드라빔을 만들었다. 그뿐만 아니라 자기 아들 중에서 한 사람을 세워 제사장으로 삼았다.

우리는 미가의 집에서 일어난 이야기를 읽으면서 스토리는 이해하겠는데 그 신앙은 완전히 뒤섞여 있다는 점을 본다. 저주했다가 축복하고, 여호와의 이름을 들먹이면서 신상을 새기고 부어 만든다. 또 여호와를 경외하는 신앙의 집안 같은데 그 집에 우상을 섬기는 신당이 있고, 자기 마음대로 아들 하나를 제사장으로 세우는 등, 완전히 모순투성이다. 이런 모습은 여호와 신앙의 껍데기만 붙들고 있는 모습이다. 여호와 하나님을 믿고 섬기는 내용은 하나도 없고, 형식적으로만 여호와 신앙인 것이다.

사사기 17:7 이하의 말씀은 더욱 기가 막힌다. 베들레헴에 살던 레위인이 미가의 집에 왔다. 미가는 그가 레위인이라는 사실을 알고 그에게 "나와 함께 거주하며 나를 위하여 아버지와 제사장이 되라. 내가 해마다 은 열과 의복 한 벌과 먹을 것을 주겠다"(삿 17:10)라고 제안한다. 미가는 자기 아들 중 한 사람을 제사장으로 삼았는데 자기 아들이 레위 지파가 아니라는 점이 마음에 걸렸다. 그런데 마침 레위인이 자기 집에 왔으니, 그를 제사장으로 삼고자 이런 제안을 한 것이다.

놀랍게도 레위인은 그 제안을 받아들였다. 그래서 베들레헴에 살았던 이 레위인이 미가 집의 제사장이 되었다. 본래 제사장은 아론 계열의 후손들이어야 하는데, 단순히 레위 지파 사람이라는 이유만으로 제사장이 되었다. 그것도 하나님의 지시가 아닌 미가의 임의로 세웠다.

미가의 집에서 일어난 일은 한 가정의 이야기로 끝나지 않았다. 이 이야기는 흥미롭게도 지파의 이야기로, 그리고 마침내 이스라엘 전체 이야기로 확장되었다. 사사기 18장은 단 지파 사람들이 기업으로 받은 땅에 살지 않고 북쪽으로 이동하여 살기로 결정한 일을 보여준다. 단 지파 사람들은 북쪽에 살만한 땅이 있는지 알아보기 위해 정탐꾼을 파견했다. 정탐을 떠나던 정탐꾼들은 미가의 집에 레위 출신 제사장이 있다는 사실을 알고 그에게 자신들이 가는 길이 형통할지 그렇지 않을지 여호와께 물어봐달라고 했다. 이 레위 제사장은 그들에게 '평안히 가라. 너희가 가는 길은 여호와 앞에 있느니라'라고 대답해 주었다.

그리고 단 지파 정탐꾼들은 미가의 집을 떠나 라이스에 도착했다. 그곳은 평온하고 안정된 땅이었다. 그곳에는 부족함이 없고 모든 사람이 부를 누리며 사는 한마을이 있었다. 정탐꾼들은 이 사실을 단 지파 사람들에게 보고했다.

단 지파는 이곳 라이스로 옮기기로 결정하고 대이동을 했다. 그때 그들은 미가 집을 다시 방문했다. 이유는 미가의 집에 에봇과 드라빔과 새긴 신상과 부어 만든 신상 그리고 미가의 집을 섬기는 레위 제사장이 있었기 때문이다.

단 지파는 미가를 위협해 새긴 신상과 에봇과 드라빔과 부어 만든 신상을 빼앗았다. 그리고 레위 제사장에게는 "네가 한 사람의 집의 제사장이 되는 것과 이스라엘의 한 지파 한 족속의 제사장이 되는 것 중에서 어느 것이 낫겠느냐"(삿 18:19)라고 제안했다. 레위 제사장은 뒤도 돌아보지 않고 단 지파를 따라가 그들의 제사장이 되었다. 경제적·사회적으로 훨씬 이득이었기 때문이다.

이런 일련의 과정을 보면, 겉으로는 여호와 하나님, 제사장, 에봇 등이 나온다. 하지만 속에는 힘의 논리가 지배하고, 폭력으로 뺏고 뺏긴다. 일개 레위인이 한 집의 제사장이 되고, 한 지파의 제사장이 된다. 신당이 있고 신상들과 드라빔이 가득하다. 겉과 속이 완전히 다른 이상한 신앙의 모습을 보여준다. 속은 우상숭배로 가득한데 껍데기는 여호와 신앙으로 포장된 모습이다. 그리고 이런 신앙을 일컬어 "그때에 이스라엘에 왕이 없었으므로 사람마다 자기 소견에 옳은 대로 행하였더라"(삿 17:6)라고 말한다. 이것이 바로 여호와 신앙의 껍데기만 붙잡고 있는 모습이다.

이처럼 껍데기만 붙잡은 신앙은 사사 시대에만 국한되지 않는다. 이스라엘 역사를 두고 볼 때, 껍데기만 붙든 신앙은 끊임없이 반복되었다. 남북 이스라엘 왕조 시대에도, 주전 8세기 아모스·호세아·미가 같은 선지자들이 활동하던 시기에도 마찬가지였다. 정치 지도자나 종교 지도자들, 그리고 백성들은 타락과 부패에 물들어 있었다. 그럼에도 겉으로는 하나님께 제사를 드렸다. 천천의 숫양과 만만의 기름으로 여호와 하나님께 제사를 드리며 여호와의 이름을 불렀다. 하지만 그 제사는 마음과 삶에서 하나님을 배제한, 내용 없는 껍데기에 불과한 예배였다.

이사야 선지자가 활동하던 시대도 크게 다르지 않았다. 백성들은 여호와의 성전에 모여 하나님께 제사하고 경배했지만, 하나님을 만나거나 하나님과의 친밀한 교제는 없었다. 그저 하나님의 집의 '마당만 밟고 가는'(사 1:12) 그런 제사에 몰두했다. 껍데기만 붙잡고 있으면서 그것에 만족한 것이다.

신약 성경에 등장하는 바리새인들은 어떠한가? 그들은 성경을 열심히 읽었고, 성경에 대한 지식도 대단했다. 성경대로 살려고 애도 썼다. 그런데 "성경에서 영생을 얻는 줄 생각하고 성경을 연구했지만" 정작 성경이 증언하는 예수님을 믿지 않았다. 대신에 예수 없이 성경의 규례대로만 살려고 했다. 규례를 지키고, 정결법을 지키고, 안식일을 철저하게 지키려고 했다. 하지만 성경이 증언하는 예수는 부인했다. 하나님의 아들이자 그리스도(메시아)로 인정하지 않았다.

하나님을 섬긴다는 대제사장들도 마찬가지였다. 그들은

하나님의 성전에서 하나님의 보좌에 가장 가까이서 사역하는 자들이다. 그렇지만, 하나님의 아들 예수님을 인정하지 않았다. 오히려 시기해서 십자가에 못 박아 죽였다. 이런 것들이 다 껍데기만 붙잡고 신앙생활 하는 모습이다.

왜 껍데기만 붙들고 믿는가

왜 사람들은 아무것도 아닌 껍데기에 집착하는가?

첫째, 여호와 하나님을 알지 못하기 때문이다. 여호와가 누구신지, 무슨 일을 하셨는지, 무엇을 기뻐하시는지, 확실하게 알지 못하기 때문에(삿 2:10) 여호와와 관련된 것들이나 그 비슷한 것들에 집착한다. 그것들을 붙들고 있으면 괜찮을 것으로 믿는 이것이 껍데기만 붙잡고 하는 신앙생활이다.

둘째는 자기 소견에 옳은 대로 믿기 때문이다(삿 17:6, 18:1, 19:1, 21:25). 껍데기 신앙생활은 하나님을 알려고 하지 않거나 경건의 비밀을 알려고 하지 않는다. 자기가 믿는 것이 옳다고 생각하기 때문이다.

세상에서 변화시키기 어려운 사람들이 있다. 그중에는 죄인이 아니라고 주장하는 사람, 죄의식이 전혀 없는 사람이다. 자신은 의롭고 선하다고 하는 사람, 자신은 제대로 하고 있고 또 그렇다고 확신하는 사람, 자신이 옳다고 하는 사람도 마찬가지다. 자기주장만 하고 다른 사람의 의견에 귀를 닫아버리는 사람도 변화시키기가 거의 불가능에 가깝다. 이런 부류의 사람은 성령님이 역사해서 자기 실체를 보게 하시거나, 불가항력적인 은혜로 머리에서부터 발끝까지 완전히 변화시키실 때만 바뀔 수 있다. 다메섹 도상에서 부활의 주님을 만나 변화된 사울처럼 말이다.

셋째는 자신의 목적을 위해 여호와 하나님을 이용하는 자기중심적 신앙생활을 하기 때문이다. 미가 집안에서 일어났던 일처럼, 돈을 훔친 범인이 아들이라는 것을 알았을 때 오히려 축복한 일, 레위인을 자기 집을 위한 제사장으로 삼은 일, 단 지파는 그 레위인을 단 지파의 제사장으로 삼은 일, 레위인이 첩을 둔 일 등은 모두 자기중심적인 신앙의 모습이다. 다시 말해, '여호와 하나님을 위한' 신앙이 아니라 '자기를 위한' 신앙이다.

이들은 신앙의 껍데기와 그 무엇에 기대어 자신들의 소망과 의미, 자신들의 안전과 평안, 그리고 번영을 추구한다. 하나님의 이름을 이용해 자신들이 목적을 이루려고 한다. 이들 안에는 여호와 하나님이 없다. 오직 '자기'만 있을 뿐이며, 하나님을 단지 목적을 위한 수단으로 여긴다.

껍데기만 붙잡는 믿음의 결과

껍데기만 붙잡는 믿음의 결과는 무엇인가? 첫째, 껍데기만 붙잡는 믿음은 자기 믿음에서 아무런 능력도, 효과와 열매도 경험하지 못한다. 믿음의 핵심이요 실체인 여호와 하나님이 없는 껍데기 종교는 하나님의 은혜도, 도우심도, 능력도 경험할 수 없다. 껍데기 믿음으로는 저주를 축복으로 바꿀 수 없고, 자신에게 임한 화를 평안으로 변화시킬 수도 없다. 오직 살아계신 삼위 하나님만이 우리와 우리가 처한 상황과 문제를 해결할 수 있다. 하나님이 없는 껍데기는 그저 껍데기일 뿐이다.

둘째, 껍데기만 붙잡는 사람은 믿음의 더 깊은 세계로 들어가지 못한다. 껍데기에 머물러 있고 그것으로 만족하기 때문이다. 그래서 믿음의 대상이 되시는 삼위 하나님을 진실로, 혹은 전적으로 믿지 못한다. 이들은 항상 껍데기만 핥는 수준에만 머문다. 수박 겉만 핥으면서 수박 맛에 대해 이러쿵저러쿵 떠들어대는 것과 같다. 그 목소리가 얼마나 확신에 차 있는지 아무도 그것에 대해 이의를 제기하지 않는다. 그래서 그는 자신이 제대로 믿고 있다고 확신하며 계속해서 믿음의 껍데기만 핥는다.

셋째, 껍데기 믿음 생활은 믿음이 약한 자들에게는 독처럼 작용한다. 믿음이 없는 사람들은 먼저 믿는 자들을 보고 신앙생활을 배운다. 그런데 껍데기 믿음만 붙들고 신앙생활을 하는 사람을 보고 배운다면, 그 사람 역시 자기 영혼을 지옥 사망에 떨어뜨릴 뿐 아니라 여호와 하나님에 대한 잘못된 지식을 쌓게 된다.

만일 어떤 사람이 껍데기만 붙잡고 믿으면서 자신은 제대로 믿는다고 한다면, 자신도 천국에 들어가지 않으면서 동시에 천국 문 앞에 서서 다른 사람도 못 들어가게 하는 사람이 된다. 소경이 소경을 인도하면 둘 다 구덩이에 빠지는 것처럼 동반 지옥행을 하게 된다. 예수님께서 "형제를 실족하게 하는 자는 차라리 연자 맷돌을 목에 매고 바다에 빠져 죽는 것이 낫다"고 말씀하실 정도이니, 그가 받을 벌은 우리가 상상하는 것 이상일 것이다.

넷째, 껍데기 믿음은 여호와 하나님을 모르는 사람들에게 그분에 대한 오해를 불러일으킨다. 또한 믿음과 구원에 걸림돌이 된다. 종교적인 의식만 행하는 신앙생활은 반드시 위선적이고 외식적인 삶으로 이어진다. 예수님 당시의 사두개인과 바리새인들이 그랬던 것처럼 말이다. 그래서 껍데기 믿음을 가진 사람은 위선적인 삶으로 인해 예수 그리스도와 여호와 하나님을 믿고자 하는 사람에게 걸림돌이 된다. 예수님이 그리스도이심을 제대로 보여주지 못하고, 여호와 하나님에 대한 지식을 왜곡시킨다. 결국 이런 믿음 생활은 예수 그리스도를 믿고 구원받고자 하는 사람을 오히려 구원에서 멀어지게 만든다.

삼위 하나님에 대한 종교의식은 가르칠 수 있을지 몰라도, 여호와 하나님이 어떤 분이신지, 무엇이 죄이고 어떻게 죄인이 구원받을 수 있는지 등 참된 지식은 전하지 못한다. 오히려 잘못된 정보(거짓 복음)를 전함으로써, 구원받고자 하는 사람을 배나 더 지옥 자식이 되게 한다(마 23:15).

비그리스도인의 눈에 가장 잘 보이는 사람은 이런 사람이다. 그래서 껍데기만 붙들고 믿음 생활을 하는 사람 때문에 교회를 비난하며, 교회를 적폐의 대상으로 삼는다.

그렇기에 자기도 하나님 나라에 들어가지 못하고 다른 사람도 못 들어가게 하는 이런 사람이, 여호와 하나님 앞에서 받을 벌이 얼마나 클지 생각하면 심히 두렵다.

그러므로 종교적 형식만을 좇는 신앙을 내려놓고, 참된 믿음을 향해 나아가는 것이 중요하다. 단순히 교회에 출석하는 것을 넘어서, 믿음의 대상이신 예수 그리스도와 삼위 하나님과 친밀한 관계를 맺는 삶으로 이동해야 한다.

참된 믿음

참된 믿음은 하나님을 이용해 자기 욕망과 목적을 달성하는 것이 아니다. 하나님을 자신에게 굴복시켜서 자신이 원하는 일을 하도록 만드는 것은 비성경적이며, 미신적 믿음이다. 이런 믿음은 아라비안나이트에 나오는 요술 램프의 요정 지니(Genie)를 믿는 것과 같다.

참 신앙은 자기를 쳐서 하나님과 예수 그리스도에게 복종하는 것이다. 자기 뜻이 아니라 하나님의 뜻이 이루어지게 하며, 그 뜻을 위해 기꺼이 헌신하고 순종하는 것이다. 참믿음은 하나님으로 하여금 자신을 섬기는 종으로 부리는 것이 아니라 자신이 하나님의 종이 되어 하나님을 섬기는 것이다. 믿음은 하나님을 섬기기 위해 믿는 것이다.

그러나 껍데기만 붙들고 신앙생활 하는 사람들은 철저하게 하나님을 이용하고 조종하려 한다. 전쟁이 발발했을 때 법궤를 앞세우면 여호와 하나님께서 법궤 때문에 승리하게 해 주실 것으로 믿거나, 천천의 숫양과 만만의 강물 같은 기름을 드리면 소원을 들어주신다고 믿는다. 일천 번 제를 드리거나, 40일 금식 기도를 하면 (어쩌면 단식 투쟁일지도 모르지만) 여호와 하나님이 그 정성을 보고 소원을 들어주신다고 믿는 것도 마찬가지다. 이런 것들은 모두 껍데기에 집착하는 믿음이다.

이유는 간단하다. 이런 모든 행위의 중심에 여호와 하나님이 없기 때문이다. 이것은 십자가를 지니고 있으면 안전하다고 믿는 것과 같고, 성경책을 가지고 있으면 어떤 악한 세력도 자신을 해칠 수 없다고 믿는 것과 같다. 심지어 자동차를 구매한 뒤 다리 위에서 고사를 지내고, 그 차에다가 십자가를 매달아두거나 성경책을 놓으면 사고 나지 않을 것이라고 믿는 것과 다를 바 없다.

우리는 껍데기만 붙잡고 있는 가짜 믿음을 버려야 한다. 우리가 믿는 것은 종교 형식이 아니다. 성경이 말하는 참 믿음은 자기중심에 여호와 하나님과 예수 그리스도를 모시는 것이요, 자기 왕으로 모시는 것이며, 자기 삶에서 최고의 가치로 여기는 믿음이다. 팀 켈러가 말했듯이, 참믿음은 예수님을 이용해 '하나님으로부터' 무언가를 '얻어내는 것'이 아니라, 오히려 '삼위일체 하나님, 그분 자신을 얻는 것'이다.[2] 하나님이 핵심이고, 하나님이 모든 것이다.

참믿음은 삼위일체 하나님으로 가득한 것이다.

경건의 모양만 있고 예수 그리스도가 없는 믿음 생활은 성경적 믿음 생활이 아니다. 경건의 비밀은 예수 그리스도이시다. 그분에게서 경건의 모양과 능력이 나온다.

따라서 예수 그리스도를 전적으로 믿고 신뢰하며, 자신을 쳐서 그분께 복종시켜야 한다. 그리고 매 순간 예수 그리스도를 닮아가며 그분을 따라가야 한다. 내가 예수 그리스도를 이용하는 것이 아니라, 예수 그리스도가 나를 사용하는 것이다. 내가 나를 사는 것이 아니라 예수 그리스도가 나를 사는 예수 중심의 신앙생활이 성경에서 말하는 신앙이다.

6.
착각에 빠진 믿음에서 벗어나 진실로 믿어라

에베소서 2:8~9

A. W. 토저는 이런 말을 했다. "그리스도인들이 가는 길의 우편에 '빈둥거림'의 함정이 있다면 그 길의 좌편에는 '분주함'의 함정이 있다. 분주함에도 역시 위험이 도사리고 있다."[1] 빈둥거림과 분주함, 이 양극단의 두 가지가 신앙생활에 치명적일 수 있음을 지적한 말이다.

사실 신앙생활을 하면서 열심을 내는 것은 좋은 일이다. 하나님의 말씀에 순종하여 열심을 내는 것, 예수님의 가르침을 따르기 위해 열심을 내는 것, 성령께서 뜨겁게 역사하시기 때문에 주체할 수 없어서 열심을 내는 것은 참으로 좋은 일이다.

그러나 무턱대고 열심을 내거나 인간적인 열심을 내는 것은 매우 위험하다. 삼위 하나님에게서 비롯되지 않은 열심과 분주함은 매우 위험하다. 참 진리가 아니고 참된 믿음이 아닌데 열심과 분주함을 진리로, 믿음으로 착각하기 때문이다. 믿음이 결여된 열심과 분주함을 믿음으로 착각하는 것에는 어떤 것이 있는가?

믿음이 결여된 열심

첫째는 자기 행위나 공로로 목표한 바나 구원을 획득하려고 하는 것이다. 예를 들면, 갈멜산에서 엘리야와 대결하던 바알 선지자 450명과 아세라 선지자 400명이다. 이들은 아합 왕과 이스라엘 백성 앞에서 바알에게 제사를 드리며, 불을 내려달라고 간절히 부르짖었다. 성경은 그들의 행동을 이렇게 기록한다. 큰 소리로 부르짖고, 칼이나 창으로 자신들의 몸을 상하게 하며 피를 흘리기까지 하였다 (왕상 18:28). 이 장면은 그들의 극단적인 열정과 헌신을 생생하게 보여 준다.

하지만 이러한 열정과 헌신에도 불구하고, 그들의 목표는 결코 이루어지지 않았다. 바알과 아세라 선지자들은 몸에 상처를 내고 피를 바치면서 자신들의 요구를 관철하려 했지만, 아무런 결과도 얻지 못했다. 그 이유는 명확하다.

바알과 아세라는 살아 있는 신이 아니었기 때문이다. 열정과 헌신이 아무리 강렬해도, 존재하지 않는 대상에게 드리는 노력은 결국 공허할 수밖에 없다.

이 사건은 자기 행위와 공로를 의지하는 신앙의 한계를 단적으로 보여준다. 진정한 신앙은, 아무리 열심히 해도 이루어질 수 없는 공허한 헌신이 아니라, 살아 계신 하나님만 믿고 의지하는 것이다. 그럴 때, 신앙의 참된 효과와 열매를 보게 된다.

믿음이 아닌 행위로

또 다른 예를 '율법을 행함으로 구원 얻으려는 시도'에서 볼 수 있다.

하나님은 우리에게 하나님의 뜻을 알도록 율법을 주셨다. 하나님을 영화롭게 하는 것이 무엇이고, 하나님을 진노케 하는 것이 무엇인지 알려준다. 율법은 하나님 앞에서 어떻게 사는 것이 하나님의 강복하시는 은혜를 누리며 사는 길이고, 무엇이 하나님의 저주 아래에서 사는 길인지를 알려준다. 그래서 하나님을 영화롭게 하며, 또 하나님의 복을 받으며 하나님의 거룩한 백성으로 살게 하려는 목적으로 율법을 주셨다(레 20:7~8).

또한 인간이 모두 죄 아래 있음을 알게 하고(롬 3:9~18), 자신의 죄를 깨닫게 하도록 율법을 주셨다(롬 3:19~20). 나아가 죄를 짓지 않고 하나님의 진노를 피하도록, 다시 말하면 죄가 세상에 만연해지는 것을 막기 위한 목적으로 주셨다. 무엇보다 율법은 죄인으로 하여금 죄를 용서받을 수 있도록 예수 그리스도에게로 나아가게 하는 목적도 있다.

> 이같이 율법이 우리를 그리스도께로 인도하는 초등 교사가 되어 우리로 하여금 믿음으로 말미암아 의롭다 함을 얻게 하려 함이라(갈 3:24).

율법의 입법자요 반포자는 하나님이시다. 율법은 그 자체로 완전하다. 여호와의 율법은 선하고 진실하며 의롭다. 율법은 하나님을 증거하고, 율법을 읽는 자를 지혜롭게 한다. 그리고 눈을 밝게 하여 깨달음을 준다(시 19:7~9). 율법은 불완전하거나 불필요한 것이 아니다. 완전하신 하나님의 입에서 나온 완전한 율법이다.

그러나 율법은 완벽한 만큼 동정심이 없다. 율법은 반드시 해야 할 것과 하지 말아야 할 것을 명확하게 지시하지만, 그것을 지킬 힘은 주지 않는다. 만일 우리가 율법을 무시하고 살거나, 혹은 율법을 철저하게 지키며 살다가 하나라도 어기면, 율법은 사자같이 덤벼들어 우리를 정죄하고 죽음으로 끌고 간다. 율법은 일말의 자비도 은혜도 베풀지 않는다. 율법은 우리를 긍휼히 여기지 않는다. 대신에 아주 엄하게 대한다.

이런 이유로 율법을 지키는 행위로는 의롭다 함을 받을 수 없다. 율법의 행위로 그의 앞에서 의롭다 함을 얻을 육체가 한 사람도 없다(롬 3:20). 왜냐하면 율법을 완벽하게 지킬 수 있는 사람은 단 한 사람도 없기 때문이다. 율법은 많은 규례 중에 단 하나만 어겨도 율법 전체를 어긴 것이 된다. 따라서 율법을 지켜서 구원을 얻을 수 있는 사람은 아무도 없다.

로마서 3:23에서 "모든 사람이 죄를 범하였음에 하나님의 영광에 이르지 못하더니"라고 선언한다. 모든 사람이 범한 죄는 바로 율법을 범한 죄를 말한다. 그런데도 어떤 사람들은 율법을 지키는 행위로 하나님 앞에서 의롭다 함을 얻으려 하고 죄와 죄의 형벌에서 구원을 얻으려고 주장하고 또 시도한다.

바울은 이런 주장에 대해 갈라디아 1:7~9에서 "다른 복음은 없다. 우리가 너희에게 전한 것 외에 다른 복음을 전하면 저주를 받을지어다"(갈 1:7~9)라고 매우 강하게 경고했다. 이유는 율법의 행위로는 단 한 사람도 의롭다 함을 얻을 수 없기 때문이다(갈 2:16).

구원은 하나님의 은혜로 주어진다. 에베소서 2:8~9에서 "너희는 그 은혜에 의하여 믿음으로 말미암아 구원을 받았으니 이것은 너희에게서 난 것이 아니요 하나님의 선물이라. 행위에서 난 것이 아니니 이는 누구든지 자랑하지 못하게 하려 함이라"라고 말씀하신 그대로다.

그러므로 율법을 지키는 행위로 의롭다 함을 얻으려 하거나, 죄 사함을 받고 구원을 얻고자 하는 것은 믿음이 아니다. 율법의 행위로 구원을 얻는다는 주장은 성경에서 말하는 하나님의 복음, 그리스도의 복음이 아니다. 이것은 다른 복음이고 저주받을 일을 자초하는 것이다.

진정한 기쁜 소식은 예수 그리스도를 믿음으로 의롭다 함을 얻고, 죄 사함을 받고, 구원받는다는 소식이다. 이 구원은 전적으로 하나님의 선물이며, 사람의 공로나 행위에 근거하지 않는다.

그렇다면 왜 사람들은 율법을 지키는 행위에 매달리는가? 그 이유는 간단하다. 행위를 하면 '내가 했다'는 자기

만족이 있기 때문이다. 사람은 누구나 자기 공로를 내세우고 싶어 한다. "내가 이만큼 했다"라는 자부심은 사람들에게 뿌듯함을 준다. 심지어 하나님 앞에서도 그 공로를 내세워 무언가를 요구하고 싶은 마음이 생긴다. 마치 거래하듯 하나님께 나아가려는 것이다.

또 다른 이유는 자기 노력의 결과가 눈에 보이는 성취로 나타나기 때문이다. 목표 달성이나 구원과 같은 결과를 자기 힘으로 만들어낼 수 있다고 생각하기 쉽다.

그러나 이것은 엄청난 오해이자 착각이다. 삶에 필요한 것들은 우리의 수고와 노력으로 얻을 수 있을지 모르지만, 구원만큼은 인간의 행위로 획득할 수 없다. 구원은 전적으로 하나님의 은혜에 속한 영역이다.

무지에서 비롯된 착각

셋째는 하나님과 예수님을 위하는 일이 아니며, 하나님의 뜻에 역행하는데도 그것을, 하나님을 위하는 일이라고 착각하는 경우다. 이러한 착각은 무지에서 비롯된다.

신약성경에서 자신이 하나님을 위해 대단한 일을 하는 것으로 착각한 한 인물이 등장한다. 바로 사울이다. 그는 예수님과 동시대의 사람이다. 그는 예수님에 대한 소문을 들었으며, 어쩌면 예수님의 말씀을 직접 들었거나, 예수님이 행하신 이적을 보았을지도 모른다.

그러나 사울은 예수님을 하나님의 아들로, 또 자신의 구원자로 인정하지 않았다. 그는 오히려 예수님을 가리켜 하나님을 대적하는 적그리스도나 이단으로 취급했다.

그렇지만 사울은 하나님에 대한 대단한 열심을 갖고 있었다. 하나님을 위하는 일이라면 무슨 일이든지 할 각오가 되어 있었고, 하나님을 위해 무엇인가를 해야겠다고 결심했다. 그것은 다름 아닌 예수님을 믿고 예수님을 그리스도라고 말하는 사람들을 잡아 죽이거나 혹은 감옥에 넣는 일이었다.

광장에서 수많은 유대인이 믿는 자들을 핍박할 때, 특히 스데반이라는 사람을 신성모독 죄로 낙인찍고 공회의 재판도 없이 돌로 쳐 죽일 때, 사울은 증인이 되기도 했다. 이 일을 계기로 여호와 하나님을 위한 일을 더욱 과감하게 했다. 그는 예수님을 믿는 신자들을 잡아다가 감옥에 넣을 수 있는 공문을 가지고 예루살렘에서 예수님을 믿는 자들을 색출해서 감옥에 넣었다.

그의 열심은 이것으로 끝나지 않았다. 그는 다메섹이라

는 곳에도 많은 그리스도인이 있다는 말을 듣고 그 사람들을 잡아 감옥에 넣기 위해 다메섹으로 갔다.

그러다가 다메섹 도상에서 부활하신 예수님을 만났다. 그는 죽은 줄 알았던 예수님이 자기 앞에 나타나 "사울아 사울아 왜 나를 핍박하느냐?" 하고 말씀하신 것을 들었다. 사울은 부활하신 예수님의 음성을 듣고 자신이 크게 잘못하고 있다는 것을 깨달았다. 그는 예수님이 하나님의 아들이시며, 그리스도라는 것을 깨달았다.

자신이 하나님을 위해 열심히 하던 일이 곧, 하나님의 아들 예수님을 핍박하는 일이라는 것을 알았다. 사울은 자신의 열정적인 행위들이 하나님을 위한 일이 아니라 오히려 하나님의 일을 방해하는 일이었다는 것을 깨달았다. 그동안 사울은 그리스도인들을 감옥에 넣는 것이 하나님을 위한 일인 줄 알았는데 크게 착각하고 있었다. 그는 자신이 제대로 믿고 있다고 생각했는데 실상은 완전히 잘못 믿고 있었다는 것을 깨달았다.

사울은 부활의 주님을 만나고, 주님의 영광과 권능을 경험하며, 예수님을 더 깊이 알아가면서 그동안 자신을 둘러싸고 있던 것들이 신앙의 껍데기에 불과하다는 것을 알았다. 다시 말하면, 난지 8일 만에 할례받은 일, 자신이 이스라엘 족속이고 히브리인 중의 히브리인이며, 율법으로는 바리새인이고, 열심으로는 교회를 박해하고, 율법의 의로는 흠이 없는 자라는 것(빌 3:5~6)이 아무것도 아니라는 사실을 깨달았다. 신앙의 전통, 출신 배경, 종교적 행위, 빗나간 열심 등이 껍데기에 불과하다는 것을 깨달았다. 그는 예수 그리스도를 아는 지식이 가장 고상한 지식이며, 또 예수 그리스도의 부활의 권능에 참여하는 것이 가장 영광스러운 진리임을 깨달았다. 그래서 사울(사도 바울)은 이런 껍데기들을 해로 여겼다. 또 배설물처럼 다 버렸다(빌 3:8).

사도 바울이 그랬던 것처럼 우리도 얼마든지 믿음에 관하여 착각할 수 있다. 우리 생각에는 하나님을 위한다고 한 일이, 오히려 하나님을 대적하는 일이 될 수도 있다. 교회 일에 걸림돌이 되고 있으면서도 자신이 없으면 교회에서 일할 사람이 없다고 착각할 수 있다.

정말 심각한 것은 예수님을 제대로 믿지 않으면서도 자기는 믿음 좋은 사람으로, 괜찮게 믿고 있다고 착각하는 경우다. 대부분 교회 사역에 매우 분주한 사람들이 이러한 착각에 잘 빠진다. 이유는 교회 '사역을 하고' 하나님과 관련된 일을 '하는 것'을 하나님과 예수님을 '믿는 것'과 일치시키기 때문이다.

일을 하는 것과 믿는 것은 엄연히 다른 것이다. 믿음이 없이도 하나님의 일을 할 수 있고, 교회에서 열심히 봉사할 수 있다. 정말 중요한 것은 하나님과 예수님을 나의 하나님으로, 나의 구원자로 진정으로 믿는 것이다. 그런 뒤에 하나님과 예수님을 믿기 때문에 하나님과 예수님을 위해서 열심히 사역하는 것이다. 진실로 하나님을 경외하고 예수 그리스도와 친밀한 관계에 있는 사람은 일을 하나님과 예수님보다 앞세우지 않는다.

최고 우선순위는 하나님과 예수님과의 인격적인 관계이다. 하나님 앞에서 그분을 위한 사역은 두 번째 자리에 둔다. 그리고 언제든지 삼위 하나님이 원하지 않으신다면 일은 변경될 수 있고 또 그만둘 수도 있다.

구약의 이스라엘 백성들의 문제점이 여러 가지 있지만, 그중에서도 가장 심각한 문제는 하나님을 향한 사랑과 경외감을 상실한 채 하나님께 제사 지내는 일에 열심을 냈다는 사실이다. 하나님과 만나고 하나님과 사귐을 갖고 하나님과 깊은 교제를 하는 것은 없고, 오로지 제사 행위에만 열심을 냈다는 것이다. 율법의 완성은 사랑임에도 말이다. 하나님의 일은 하나님을 위해서 할 때 진정한 의미가 있다.

인간적인 열심이 위험한 이유

첫째, 분주함의 가장 큰 함정은 자기만족이다. 분주함을 믿음으로 생각하고 열심을 내는 것은 순전히 자기만족 때문이다. 안타깝게도 분주함과 열심히 하는 것은 믿음이 아니다. 믿음은 믿음이고 행위는 행위일 뿐이다. 믿음에서 행위가 나오지, 행위에서 믿음이 나오는 것은 아니다. 믿음이 결여된 행위는 아무것도 아니고 그런 열심과 분주함, 그리고 봉사와 섬김은 자기만족으로 끝난다.

자신이 바쁘게 움직이고, 여러 일을 열심히 하고 있기 때문에 신앙이 좋다고 여긴다면 그것은 착각이다. 실제로 이런 모습은 일상에서도 발견된다. 회사에서도 늘 분주하게 움직이는 사람이 있다. 일을 쉬지 않고 하며, 자기 일뿐 아니라 다른 사람의 일까지 맡아 처리한다. 그러나 가만히 보면 그가 늦게까지 남아 있는 이유는 유능하기 때문이 아니라, 일을 효율적으로 처리하지 못하기 때문이다. 분주함을 능력으로 착각한 것이다.

교회 안에서도 마찬가지다. 성도들 가운데는 삼위 하나님을 온전히 믿지 않으면서도 교회 일에 열심을 내는 이들이 있다. 어떤 이는 주말 내내 교회 일로 시간을 보내며, 봉사와 활동에 적극적으로 참여한다. 대부분의 성도가 믿음에서 비롯된 헌신으로 봉사하지만, 일부는 교회에서의 '열심' 그 자체를 곧 믿음으로 오해한다. 찬양대 지휘나 반주, 다양한 봉사에 참여하는 이유가 진정한 헌신에서 비롯된 것이 아니라 단순히 좋아서일 수도 있다.

이런 경우 열심은 곧 자기만족으로 이어진다. 무엇인가를 해냈다는 성취감, 사람들의 인정, 그로 인한 자부심이 동력이 된다. 그러나 예수 그리스도가 빠진 분주한 교회 생활은 참된 믿음이 될 수 없다. 예배와 기도, 봉사와 행사 참여가 곧 믿음의 증거라고 생각하는 것은 위험하다. "내가 이렇게 열심히 교회 일을 하고 있으니 구원받을 것이다"라는 생각은 착각에 불과하다. 열심 있는 교회 생활이 곧 좋은 믿음을 의미하지는 않는다.

둘째, 바쁘게 일하고 활동하는 사람은 자신의 '행위'를 자기 '의'나 '공로'로 착각하기 쉽다. 이런 사람은 성전에 올라가 기도하는 바리새인처럼 "나는 다른 사람들 곧 토색, 불의, 간음을 하는 자들과 같지 아니하고 이 세리와도 같지 아니함을 감사하나이다"(눅 18:11) 하고 자기 의를 드러내는 경향이 많다.

하지만 성경은 인간의 행위로 말미암는 의나 공로는 하

나님의 인정을 받지 못한다고 말한다. 에베소서 2:9에서 "행위에서 난 것이 아니니 이는 누구든지 자랑하지 못하게 함이라"라고 말씀한다. 구원은 인간의 열심이나 업적이 아니라 전적으로 하나님의 선물이다.

따라서 하나님 앞에서 우리가 내세울 수 있는 것은 우리의 열심이나 수고가 아니라, 오직 예수 그리스도의 의이다. 하나님께서 인정하는 '의'는 우리의 '의'가 아니라 '예수 그리스도의 의'이다. 우리는 예수 그리스도를 믿음으로 그분의 의를 덕 입어서 구원을 받는다.

그래서 참된 믿음의 사람은 자기를 드러내지 않는다. 오히려 하나님과 예수 그리스도를 드러낸다. 일할 때도 자기 힘이 아니라 하나님이 공급하시는 힘으로 일한다. 그리고 하나님의 은혜로, 성령의 충만함으로 열심히 일한다.

그래서 자기를 자랑하지 않고 예수 그리스도를 자랑한다. 자기를 영광스럽게 하지 않고 하나님께 모든 영광을 돌린다. 자기가 했다고 하지 않고 성령께서 하신 일이라고 말하고 하나님의 은혜라고 고백한다.

구원은 열심이나 분주한 행위로 얻는 것이 아니다. 오직 예수 그리스도를 믿고, 하나님의 은혜를 전적으로 의지하는 믿음으로 얻는다. 만일 교회 안에서의 열심과 활동을 근거로 구원을 기대한다면, 그것은 믿음이 결여된 열심일 뿐이다. 안타깝게도 그렇게 하면 구원은 얻지 못한 채 열심만 남게 된다.

그러므로 우리는 분주한 활동을 곧 믿음으로 착각하지 말아야 한다. 진정한 믿음은 하나님을 경외하고, 예수 그리스도를 전적으로 신뢰하며, 그분의 은혜에 의지하는 데 있다.

하나님과 예수님을 진실로 믿고 깊이 사랑하라

믿음이 아닌 것을 믿음으로 착각하는 것에서 벗어나려면 무엇이 필요한가? 가장 먼저 확인해야 할 것은 우리가 진실로 여호와 하나님을 우리의 하나님으로, 예수 그리스도를 우리의 구원자이자 주님으로 믿고 있는지 점검하는 일이다. 단순히 형식적으로 믿고 있는 것은 아닌지, 교회 활동을 열심히 하는 것을 곧 믿음이라고 오해하고 있지는 않은지 돌아보아야 한다.

믿음은 단순한 행위가 아니다. 교회 출석이나 종교적 습관만으로 믿음이 증명되지 않는다. 참된 믿음은 마음에서 시작된다. 마음으로 믿고, 입술로 고백하며, 삶과 행동으로 나타난다. 그러므로 무엇보다 먼저 살펴야 할 것은 우리의 마음이다. 나는 하나님을 진실로 나의 하나님으로 믿고 있는가? 예수 그리스도를 나의 주님으로 신뢰하며 순종하고 있는가? 이러한 질문을 스스로에게 던지며 정직하게 점검해야 한다.

여기에 더해 중요한 것은 하나님과 예수님을 향한 사랑이다. 사랑의 깊이가 곧 믿음의 진실함을 드러낸다. 우리는 과연 마음과 뜻과 힘과 목숨을 다해 하나님을 사랑하고 있는가? 세상의 모든 것보다 하나님을 더 사랑하는가? 다른 것은 다 내려놓을 수 있어도 하나님과 예수님만은 결코 포기할 수 없다고 고백할 수 있는가? 삶의 우선순위를 들여다보면 그 답을 알 수 있다. 하나님보다 앞세우는 무언가가 있다면, 그것이 우리가 더 사랑하는 대상일 것이다.

예수님은 마태복음 10장에서 "아버지나 어머니를 나보다 더 사랑하는 자는 내게 합당하지 아니하고, 아들이나 딸을 나보다 더 사랑하는 자도 내게 합당하지 아니하다"고 말씀하셨다.

믿음은 사랑과 분리되지 않는다. 참된 믿음은 하나님을 사랑하는 데서 드러난다. 사랑하기에 믿고, 믿기에 사랑한다. 하나님을 사랑하기에 삶의 최우선에 두고, 믿기에 하나님을 가장 소중히 여긴다. 사랑이 있기에 헌신하고, 믿음이 있기에 뜻을 다하고 힘을 다해 섬기고 순종한다.

따라서 우리 속에 하나님과 예수님을 향한 뜨거운 사랑이 있는지를 성찰할 필요가 있다. 만약 사랑이 식었다면, 그 이유를 찾고 반드시 회복해야 한다. 신앙의 열정이 줄어들고 분주한 종교 활동만 남았다면, 우리는 이미 신앙의 본질에서 멀어진 것이다. 참된 믿음은 결국 하나님과 예수님을 향한 진실한 사랑으로 증명된다.

분주한 열심이 아닌 진실한 교제

우리가 주의해야 할 것은 하나님을 사랑하는 마음 없이 종교적 열심에만 몰두하는 것이다. 하나님에게서 오는 힘과 은혜로 내는 열심은 하나님을 영화롭게 하지만, 단지 인간적인 열심은 결국 자기 자신만 드러낼 뿐이다. 그런 열심은 오히려 하나님의 영광을 가릴 수 있다.

주 6일도 모자라 주 7일을 일하면서 너무 바빠서 하나님을 위해 예배하지 못하는 사람을 보면 위험하다는 생각이 든다. 하나님과 깊이 있고 친밀한 교제의 시간을 갖지 못할 만큼 주님의 일을 열심히 한다면 그것 역시 위험하다.

하나님은 우리가 너무 바빠서 하나님을 뵙지 못하는 것

보다 조금 일하면서 하나님과 자주 만나는 것을 더 기뻐하신다. 예수님의 집에 찾아갔던 마르다와 마리아의 이야기는 이를 잘 보여준다. 마르다는 분주히 음식을 준비하느라 예수님의 말씀을 들을 시간을 놓쳤다. 반면 마리아는 예수님의 발 앞에 앉아 말씀을 들으며 교제했다. 마르다는 자신의 분주함을 자랑했지만, 예수님께서는 오히려 마리아가 좋은 편을 택했다고 말씀하셨다. 이는 종교적 활동보다 하나님과의 교제가 우선임을 일깨워 준다.

만약 자녀가 바쁘다는 이유로 부모를 찾아뵙지 못하다가 장례식에서야 얼굴을 뵌다면, 부모는 이해할지 몰라도 마음은 서운할 것이다. 하나님께서도 마찬가지다. 하나님은 우리가 종교 행위에만 몰두하기보다, 하나님과 자주 만나고 깊이 교제하는 것을 더 기뻐하신다.

사실 하나님께서 기뻐하는 열심은 우리가 하나님으로부터 받은 힘과 능력과 은사를 다시 하나님의 이름으로 하나님께 쏟아붓는 것이다. 우리의 속사람이 하나님의 힘과 능력으로 강건해져서 하나님을 열렬히 사랑하는 것이다.

우리의 머리와 마음과 생각에 가득 차야 할 것은 하나님의 '일'이 아니라 삼위일체 하나님 그분 자신이다. 우리가 삼위일체 하나님으로 충만하기 위해서는 반드시 하나님 앞으로 나가야 하고 또 삼위 하나님과 깊은 교제의 시간을 가져야 한다.

교제를 잃지 않았던 믿음의 사람들

성경 속 믿음의 인물들은 모두 하나님과의 교제를 무엇보다 소중히 여겼다. 다니엘은 하루에 세 번씩 기도하면서 하나님과 개인적으로 만나는 시간을 가졌다.

예수님도 40일을 금식하며 기도하면서 하나님과의 만남을 가졌다. 그런 후 인류를 구원하는 사역을 시작하셨다. 그리고 사역하시면서도 수시로 시간을 내서 한적한 곳에서 기도하셨다. 또 밤에는 감람산으로 가서 하나님과 만나는 기도의 시간을 가지셨다.

열두 사도는 예루살렘 교회를 운영하면서 구제하는 일로 분주해지고 또 심각한 문제들이 나타나자 비로소 기도의 중요성, 다시 말해 하나님과 만나는 시간을 가지면서 삼위 하나님으로 충만해지는 것의 중요성을 깨달았다. 그래서 구제하는 일은 일곱 집사에게 맡기고 자신들은 기도와 말씀 사역에 전념했다.

이 모든 예는 우리에게 분명한 메시지를 준다. 하나님의 일보다 더 중요한 것은 하나님 그분 자신이다. 종교적 열심보다 더 귀한 것은 하나님과의 친밀한 교제이다.

만일 당신이 하나님과 만나고 예수님을 묵상할 시간도 없이 바쁘다면, 더 위험해지기 전에 하나님을 만나는 시간과 장소를 확보하기 바란다. 하나님의 힘과 능력이 사라져서 자기 힘으로 일하고 있는데도 그것을 모르고 있다면, 더 늦기 전에 하나님을 만나기를 바란다. 하나님과 친밀한 시간을 가지면서 하나님을 즐거워하고 하나님으로 충만해질 때 비로소 우리의 모든 사역이 하나님 보시기에 기뻐하는 가치와 의미가 있을 수 있다.

우리에게 필요한 것은 더 많은 행위나 분주한 열정이 아니다. 오히려 하나님과 깊이 만나고, 하나님을 진실로 사랑하며, 하나님을 전적으로 의지하고 신뢰하는 것이다.

진실한 믿음은 사랑으로 증명된다. 참된 믿음은 어떤 상황에서도 하나님을 신뢰하는 것으로 나타난다. 사랑 안에서 기쁨으로 헌신하고 순종하며, 수시로 하나님과 교제하며 살아간다.

7.
세상과 친구 되는 믿음은 진짜 믿음일 수 없다

고린도후서 6:14~18

　파충류 가운데 카멜레온은 참 신기한 동물로, 주변 환경의 색깔에 맞춰 자기 몸 색깔을 바꾼다. 덕분에 적의 눈에 띄지 않고 생존할 수 있으며, 보호색을 활용해 사냥에도 유리하다. 이러한 특성 때문에 사람들 사이에서는 환경과 상황에 따라 태도를 쉽게 바꾸는 사람을 두고 "카멜레온 같다"라고 말하기도 한다.

　생존 전략으로 본다면 카멜레온처럼 자신을 변화시키고, 주변 상황과 일치시켜서 자신의 목적한 바를 달성시키는 모습이 분명 지혜로워 보일 수 있다. 그러나 믿음의 세계에서는 이야기가 다르다. 카멜레온처럼 상황에 맞추어 자신을 변화시키는 믿음은 오히려 위험하다. 그것은 진정한 믿음이 아니기 때문이다.

참된 믿음은 어떤 상황과 환경 속에서도 변함없이 굳게 서는 것이다. 상황에 따라 흔들리거나 이랬다저랬다 하지 않는다. 믿음의 본질에는 배타성이 있어 세상과 타협할 수 없으며, 또한 반드시 함께해야 할 것과 결코 함께할 수 없는 것을 구분한다. 성경이 말하는 믿음은 세상과 하나 되는 믿음이 아니라 오직 삼위일체 하나님과만 하나 되어 동행하는 것이다.

고린도 교회의 성도들을 향한 사도 바울의 권면

사도 바울은 고린도 교회의 성도들에게 "너희는 믿지 않는 자와 멍에를 함께 메지 말라"(고후 6:14a)고 권면하며 예수 그리스도를 믿는 사람들이 결코 함께 할 수 없는 이유에 대해 이렇게 말했다.

> 의와 불법이 어찌 함께하며 빛과 어둠이 어찌 사귀며 그리스도와 벨리알이 어찌 조화되며 믿는 자와 믿지 않는 자가 어찌 상관하며 하나님의 성전과 우상이 어찌 일치가 되리요 우리는 살아 계신 하나님의 성전이라. 이와 같이 하나님께서 이르시되 내가 그들 가운데 거하며 두루 행하여 나는

그들의 하나님이 되고 그들은 나의 백성이 되리라. 그러므로 너희는 그들 중에서 나와서 따로 있고 부정한 것을 만지지 말라 내가 너희를 영접하여 너희에게 아버지가 되고 너희는 내게 자녀가 되리라 전능하신 주의 말씀이니라 하셨느니라(고후 6:14~18).

이 말씀을 보면 '어찌 함께하며, 어찌 사귀며, 어찌 조화되며, 어찌 상관하며, 어찌 일치되리요'라고 말한다. 예수 그리스도를 주로 믿는 사람들은 믿지 않는 자와 함께 멍에를 멜 수 없다. 예수 그리스도를 자신의 구원자로 믿는 사람은 믿지 않는 자와 함께 차지할 몫이 없다. 다시 말하면, 믿는 자가 받을 몫은 영생이지만, 믿지 않는 자가 받을 몫은 영원한 지옥 사망이다. 그래서 함께 차지할 유산이 있을 수 없다. 또한 정의와 불의가 함께 짝이 될 수 없듯이, 빛과 어둠이 사귈 수 없듯이, 그리스도와 벨리알이 화합할 수 없다. 하나님의 성전과 우상이 일치할 수 없듯이, 함께할 수도 없고, 사귈 수도 없고, 조화되거나 하나로 일치될 수도 없다.

예수님을 믿는 사람이 세상과 친구가 될 수 없고, 믿지 않는 자와 함께 몫을 가질 수 없는 이유는 분명하다. 하나님께서 친히 말씀하시기를, "내가 그들 가운데서 살며, 그들 가운데서 다닐 것이다. 나는 그들의 하나님이 되고 그들은 내 백성이 될 것이다."(고후 6:16, 새번역)라고 하셨기 때문이다.

하나님은 믿는 자들과 함께 살고, 교회 공동체 구성원들과 함께 생활하신다. 하나님은 교회 공동체 구성원들 가운데로 다니시고, 예수 그리스도의 몸 된 지체들 속에서 활동하시는 분이시다. 그리고 하나님은 '자기 백성'으로 삼으신 자들을 친히 통치하신다. 우리의 하나님이 하나님의 백성 된 우리를 통치하신다.

따라서 하나님의 통치를 받는 사람은 믿지 않는 자들과 한 길을 걸을 수 없다. 세상의 벗 되어 세상의 통치를 받으면서 살 수 없다.

만일 우리가 세상의 벗이 되거나 세상 백성이 되어 이 세상 신의 통치를 받는 생활을 한다면, 그것은 하나님의 백성이 아님을 의미한다. 입으로는 '예수 그리스도는 나의 주이십니다. 주여, 주여' 하면서 이 세상의 신(고후 4:4)을 따르고, 이 세상의 신이 원하는 것을 하며 충성한다면, 그것은 진정으로 예수 그리스도를 믿는 것이 아니다. 또한 하나님의 통치를 받는 하나님의 백성도 아니다.

믿음은 본질적으로 배타적이고 선택적이다. 삼위일체 하나님과 그분의 뜻에 동의할 수 없는 일에는 결코 참여할 수 없다. 믿음은 하나님의 길도 가고, 세상 길로도 가는 것이 아니라 둘 중 하나만 갈 수 있는 편협하고 좁은 길이다.

성경이 말하는 참된 믿음은 예수님께서 걸어가신 길, 곧 하나님과 동행하는 길뿐이다. 믿음은 카멜레온처럼 환경과 상황 따라 변하지 않는다. 오히려 어떤 상황에서도 자신의 색깔을 분명히 드러내며, 세상과 다름을 나타낸다.

하나님은 우리가 세상 속에 살고 있지만, 세상에 속한 존재는 아니라고 말씀하신다. 오히려 세상에서 우리를 불러내어 하나님의 것으로 삼으셨다. "나는 그들의 하나님이 되고 그들은 내 백성이 될 것이라."(레 26:12; 출 19:5~6; 히 8:10; 고후 6:16). 또한 "나는 너희의 아버지가 되고 너희는 내 자녀가 될 것이다"(고후 6:18, 새번역)라고 말씀하시며, 하나님의 백성으로, 하나님의 자녀로, 하나님을 위해 살도록 구별하셨다.

따라서 하나님을 믿는 사람, 하나님의 아들이신 예수님을 믿는 사람은 세상과 같아지는 사람이 아니라, 세상과 다름을 드러내는 사람이다. 자신이 하나님의 백성이고 하나님의 자녀라는 것을 보여주는 사람이다. 예수 그리스도를 주로 믿고, 그리스도의 가르침대로 사는 그리스도인이라는 것을 말과 행동으로, 그리고 삶으로 나타내는 사람이다.

나실인과 구별된 삶을 살아야 하는 그리스도인

구약 성경을 읽다 보면 '나실인'이라는 존재를 만나게 된다(민 6:1~21). '나실인'은 히브리어 '나자르'에서 파생된 단어로, '자신을 하나님께 봉헌하다'라는 뜻을 담고 있다. 나실인은 하나님께 특별한 봉사나 목적을 위해 일정 기간 스스로 헌신하기로 결단한 사람을 가리킨다.

하나님은 나실인의 삶을 살고자 하는 사람들을 위해 '나실인의 법규'를 제정해 주셨다. 하나님은 거룩하신 분이시기에, 그분께 헌신하기 위해서는 삶이 분명히 구별되어야 했기 때문이다. 그 규례는 크게 세 가지로 요약된다.

첫째, 술을 마시지 말아야 했다. 포도주와 독주는 물론, 그것으로 만든 초조차 마시지 않았다. 포도즙은 물론이고 생포도와 건포도도 금지되었다. 다시 말해, 포도나무에서 나는 것은 씨든 껍질이든 어떤 형태로든 입에 대지 않는 것이 원칙이었다(민 6:3~4).

둘째, 헌신하는 기간 동안 머리를 깎지 않고 길러야 했다(민 6:5). 이유는 "자기 몸을 구별하여 하나님에게 바쳤다는 표가 그 머리에 있기 때문이다"(민 6:6b).

셋째, 시체를 가까이하지 말아야 했다. 사람은 물론이고 동물의 사체도 가까이 해서는 안 되었다. 심지어 부모나 형제가 죽었다 해도 예외는 없었다. 만일 시체를 가까이하면 그 순간 몸이 부정하게 되며, 그 경우 헌신의 기간을 처음부터 다시 시작해야 했다.

민수기 6장에는 이 외에도 더 자세한 규례가 기록되어 있다. 그러나 요약하면 나실인의 삶은 곧 '하나님을 위해 구별된 삶'이다. 다른 사람처럼 사는 것이 아니라, 하나님께 바쳐진 사람으로 다르게 사는 것이다. 하나님을 위해, 하나님께 속한 자로 살아가는 것, 그것이 바로 나실인의 삶이었다.

나실인 삼손

그런데 구약성경을 보면 나실인이면서도 나실인답게 살지 못한 사람이 등장한다. 바로 삼손이다. 삼손은 태어나기도 전에 하나님께서 이미 그를 나실인으로 구별하셨다. 어머니의 태중에 잉태되기 전부터 나실인의 삶을 살도록 지명받은 것이다. 그는 태어났고, 부모의 손에서 자라면서 어린 시절까지는 나실인으로 지냈다.

그러나 그가 성인이 되어 모든 것을 자기 뜻대로 할 수 있는 나이가 되었을 때, 그는 나실인이 아닌 것처럼 살았다. 하나님께서 법으로 금한 이방 여인과 결혼했고(자기 소견에 좋아 보여서), 포도주를 마시며, 포도밭에 들어갔고, 사자의 시체나 나귀의 턱뼈, 죽인 사람의 시체를 가까이하는 등 나실인의 규례를 무시했다. 삼손에게 나실인의 법은 무시해도 좋은 '따위'에 불과했다. 그는 이방인과 다름을 보여주기는커녕, 오히려 블레셋 사람들의 삶을 동경하며, 그들처럼 살기를 원했다. 그래서 블레셋 여인을 사랑했고, 그녀와 결혼하여 그들처럼 살고자 했다.

그러나 삼손은 결코 블레셋 사람과 하나 될 수 없는(결혼해서는 안 되는) 자였다. 그는 하나님의 백성이었고, 더욱이 거룩한 하나님과 거룩한 백성 됨을 드러내야 할 나실인이었다. 그럼에도 그는 들릴라에게, 자신의 머리카락에 대해 말하기 전까지 자신이 나실인이라는 사실을 철저히 숨기며 살았다.

구별되어야 할 나실인 삼손은 자신의 능력 말고는 자신의 삶 어느 것 하나 구별됨이 없었다. 삼손에게 임하여 삼손을 강하게 하신 하나님의 영 외에는 여호와 하나님이 거룩하신 분이라는 것을 드러내지 않았다. 오히려 삼손이 블레셋 사람들에게 잡히고 맷돌을 돌리는 신세가 되며, 다곤 신전에서 재주 부리는 일을 하므로 여호와 하나님의 이름과 명예를 욕되게 했다. 결국 삼손의 삶은 나실인이 보여주어야 했던 '거룩한 하나님과 거룩한 백성의 구별됨'을 드러내기보다는, 오히려 가리고 평범하게 만들어버렸다. 그 결과 하나님의 백성조차 가나안 땅에 살고 있는 세상 백성과 다를 바 없는 존재로 만들어버렸다.

나실인 사무엘

구약에는 삼손과는 전혀 다른 길을 걸은 또 한 사람의 나실인이 있다. 그 역시 하나님의 은혜로 태어난 사람이다. 하지만 삼손이 태중에 잉태하기도 전에 하나님에 의해서 나실인으로 지명받았다면, 이 사람은 어머니가 하나님께 바쳐서 평생을 나실인으로 산 사람이다. 그는 바로 사무엘이다.

사무엘의 어머니 한나는 젖을 떼자마자 사무엘을 하나님에게 바쳤다. 그래서 사무엘은 어렸을 때부터 하나님의 장막에서 세마포 에봇을 입고 생활했으며, 하나님 앞에서 하나님을 섬기며 생활했다(삼상 2:11, 18).

당시 엘리의 두 아들, 홉니와 비느하스는 제사장의 자녀임에도 불구하고 구별된 생활, 거룩한 생활과는 거리가 먼 삶을 살았다.

하지만 사무엘은 그들을 본받지 않았다. 그는 하나님의 궤가 있는 성소에서 잠을 자고(삼상 3:3), 아침마다 여호와 집의 문을 열면서 하루를 시작했다(삼상 3:15). 사무엘은 처음부터 끝까지 하나님 앞에서 구별된 나실인으로 살았다.

사무엘은 자라면서 여호와와 사람들에게 더욱 은총을 받았다(삼상 2:26). 여호와와의 말씀이 희귀하고 이상이 흔히 보이지 않던 시기에, 하나님은 그를 부르셔서 말씀을 맡기셨다(삼상 3:1~14). 이때부터 사무엘은 하나님의 말씀을 전달하는 선지자의 삶이 시작되었다. 여호와께서 그와 함께 계셔서 그의 말이 하나도 땅에 떨어지지 않게 하셨다(삼상 3:19). 단에서부터 브엘세바까지 온 이스라엘이 사무엘은 여호와의 선지자로 세움을 입었음을 알게 되었다(삼상 3:20).

그 후에도 하나님은 자주 말씀으로 사무엘에게 자기를 나타내셨고(삼상 3:21), 사무엘은 신실하게 하나님의 말씀을 온 이스라엘에 전했다. 그래서 사무엘이 전한 하나님의 말씀이 온 이스라엘에 전파되었다(삼상 4:1).

또 사무엘은 이스라엘 백성으로 하여금 하나님께 돌아

오라고 촉구하고 미스바에서 대각성 운동을 일으켰다. 그때 블레셋 족속이 쳐들어왔으나, 사무엘의 기도를 들으신 하나님께서 블레셋 족속을 물리치셨다. 이것이 에벤에셀의 기념비를 세운 사건이다(삼상 7:1~12).

사무엘이 사는 날 동안 하나님은 블레셋 사람들이 이스라엘을 쳐들어오지 못하도록 하나님의 손으로 블레셋 사람을 막으셨다(삼상 7:13). 또 블레셋 사람들에게 빼앗겼던 성읍들을, 에그론부터 가드까지 도로 찾았고, 아모리 사람과 전쟁하지 않고 평화롭게 지내게 하셨다(삼상 7:14).

사무엘은 사는 날 동안 사사로서 이스라엘을 다스렸다. 해마다 벧엘과 길갈, 미스바를 순회하면서 그 모든 곳에서 하나님의 말씀으로 이스라엘을 다스렸다. 자기 고향, 자기 집이 있는 라마에서도 이스라엘을 다스렸다(삼상 7:15~17). 그는 언제 어디서든지 여호와 하나님을 위하여 제단을 쌓고 하나님을 예배하고 섬겼다.

사무엘의 생애는 한마디로, 처음부터 끝까지 하나님께 바쳐진 삶이었다. 어렸을 때부터 죽는 그 순간까지 구별된 자로, 하나님을 위해 헌신한 나실인으로 살았다.

삼손과 사무엘은 모두 나실인이자 사사였으나, 그 삶은 극명하게 달랐다. 삼손은 구별됨을 잃고 블레셋 사람처럼 살다가 결국 그들의 포로가 되었다. 반면에 사무엘은 어렸을 때부터 거룩한 하나님의 전에서 에봇을 입고 하나님을 섬겼으며, 하나님의 집에서 잠을 자고 문을 여는 생활을 하면서 하나님을 섬겼다. 그는 죽는 순간까지 여호와가 하나님 되심을 드러내며 구별된 삶을 살았다. 그리고 하나님의 말씀으로 온 이스라엘을 다스려 하나님의 말씀에 순종하며 살게 했다. 삼손은 블레셋에 사로잡힌 자였으나, 사무엘은 하나님께 사로잡힌 자였다.

나실인처럼 살아야 하는 그리스도인

나실인이요 사사였던 삼손과 사무엘 이야기를 하는 이유는 이것이다. 그리스도인 역시 하나님께 구별된 나실인과 같은 사람이다. 그리스도인은 거룩한 하나님의 백성이며, 하나님을 아버지라고 부르는 하나님의 자녀이다.

그리스도인은 예수 그리스도의 가르침을 따라 사는 사람들이다. 세상 사람과 다르게 살도록 부름을 받은 사람이고, 예수 그리스도를 따라 살도록 구별된 사람이다.

그러므로 세상 사람과 똑같이 살려고 그들과 같아지려고 애쓰지 않는다. 오히려 거룩한 하나님께 자신을 드린 자로서, 예수 그리스도의 가르침을 따라 세상 방식과 다르게 살아간다. 카멜레온처럼 세상과 같아지거나 비슷해지려고 자신의 정체성을 바꾸거나, 세상과 타협하기 위해 믿음을 변질시키지 않는다. 오히려 세상과 다르다는 사실을 드러내고, 세상과 구별된 모습을 보여준다.

나실인의 삶이 그러했다. 그는 여러 사람과 함께 음식을 먹을 때, 술과 포도주, 포도즙, 생포도와 건포도도 먹지 않음으로 자신의 구별됨을 분명히 했다. 모든 사람이 머리를 깎을 때, 나실인은 머리를 길게 길러 어디서든지 구별된 자로 드러났다. 시장통 한가운데서도 분명하게 구별되었던 것처럼 말이다. 시체를 가까이하지 않기 위해 친한 친구의 장례식에도, 심지어 부모나 형제나 자매의 장례식에도 참석하지 않음으로 어쩌면 심한 비난을 받을지도 모른다. 그럼에도 이와 같은 삶으로 자신의 특별함과 독특함을 지켜냈다.

그리스도인의 삶도 이와 같다. 세상과 같아지려고 세상과 타협하는 믿음은 자신의 구별됨을 희석하거나 상실하게 된다. 세상과 짝이 될 수도 없는 존재가 세상처럼 되려고 하면, 그것은 자신의 믿음이 진정한 믿음이 아니라는 것을 증명하는 꼴밖에 되지 않는다.

세상과 타협하다 믿음을 잃은 사람들

사도 바울은 고린도후서에서 분명히 말한다. 의와 불법이 짝할 수 없고, 빛과 어둠이 사귈 수 없으며, 그리스도와 벨리알이 화합할 수 없고, 하나님의 성전과 우상이 일치할 수 없다고 했다. 그러나 현실에서는 이 불가능한 일을 시도하는 사람들이 있다. 세상과 친구가 되고, 어둠과 사귀며, 벨리알과 화합하고, 우상과 일치하려는 모습을 보게 된다. 하나님께서 우리를 세상에서 불러내어 하나님의 백성, 하나님의 자녀로 삼으셨음에도 불구하고, 자꾸만 세상으로 달려가는 것이다.

오늘날 교회를 다닌다고 말하는 많은 사람들 가운데서도 이런 모습을 볼 수 있다. 하나님과 세상의 경계선에 서서, 상황과 환경에 따라 시계추처럼 이리저리 흔들리며 살아가는 사람들이다. 한쪽 발은 하나님께, 다른 한쪽 발은 세상에 두고 적당히 신앙생활을 이어가는 이들을 본다.

사도 바울은 실제로 세상과 타협하다가 믿음을 저버린 사람을 언급한다. 디모데후서 4:10에 나오는 데마가 그 예이다.

> 데마는 이 세상을 사랑하여 나를 버리고 데살로니가로 갔
> 고 그레스게는 갈라디아로, 디도는 달마디아로 갔고

세상과 타협하는 사람의 뚜렷한 특징은 단 하나다. 바로 세상과 세상에 있는 것을 사랑한다는 점이다. 본래 하나님을 사랑하고 예수님을 사랑해야 하지만, 그 마음이 세상을 향하기 때문에 하나님과 예수님보다 세상과 세상 것을 더 사랑하고 좋아한다. 결국 예수 그리스도를 믿는 편에 서서 믿음을 지키지 못하고 세상 편에 서게 된다.

사람을 움직이는 힘은 크게 지성, 감성, 의지, 그리고 습관에서 나온다. 사람은 자신이 아는 것을 따라가고, 아는 대로 행한다. 반찬을 만들거나 찌개를 끓이는 것도 자신이 아는 대로 끓인다. 무슨 선택을 하거나 결정을 내릴 때도 자신이 아는 것을 바탕으로 선택과 결정을 내린다.

또 사람은 자신의 의지를 사용해서 움직인다. 설거지통에 설거지가 산처럼 쌓여 있어도 설거지하겠다는 의지가 없으면 손도 까딱하지 않는다. 건강에 위험 신호가 나타나고 의사가 운동하라는 처방을 내렸지만, 운동을 하겠다는 의지가 없으면 변화는 일어나지 않는다.

그러나 의지가 있다면 모든 것이 달라질 수 있다. 하겠

다는 의지가 있으면 그 의지가 움직이게 만들고 행동하게 만든다. 그래서 행동 의지가 강한 사람은 실천력이 높은 사람이다.

지·정·의에서 '정'도 마찬가지로 사람을 움직이는 중요한 요소다. 정은 감정적인 부분으로 사람을 움직이는 아는 것과 의지보다도 더 강력한 힘을 가지고 있다. 사람은 자신이 원하는 것, 좋아하는 것, 사랑하는 것을 따라간다. 카페에 가서 무엇을 마실지 물을 때, 자신이 좋아하는 것을 마신다. 그리고 좋아하는 차원에서 사랑하는 차원으로 넘어가면 거의 중독자와 같은 반응을 보인다. 운동을 좋아하는 사람은 운동하지 않으면 견디기 힘들다. 좋아하는 것이나 사랑하는 것을 하지 못하게 하면 감정이 요동친다. 먹고 싶은 것을 먹지 못하면 짜증이 나고 신경질적으로 변한다. 어떤 경우에는 적대감을 느끼기도 한다.

서울에서 부산은 꽤 먼 거리이다. 그런데도 사랑하는 사람이 생기면 그 먼 거리를 멀다고 느끼지 않고 매주 오고 가면서 만난다. 거리도 시간도 경비도 아무런 문제가 되지 않는다. 사랑하는 사람을 조금이라도 더 빨리 만날 수 있다면, 그리고 함께 있을 수 있다면, 무슨 수를 써서라도 그렇게 한다. 사랑이 사람을 그렇게 만든다.

결국 데마가 예수님을 떠난 이유도 바로 여기에 있었다. 그는 하나님보다 세상을 더 사랑했기 때문이다.

사도 요한은 세상이나 세상에 있는 것을 사랑하지 말라고 하면서 이런 것들을 사랑하는 것의 위험성에 대해 이렇게 경고한다.

> 이 세상이나 세상에 있는 것들을 사랑하지 말라. 누구든지 세상을 사랑하면 아버지의 사랑이 그 안에 있지 아니하니 이는 세상에 있는 모든 것이 육신의 정욕과 안목의 정욕과 이생의 자랑이니 다 아버지께로부터 온 것이 아니요 세상으로부터 온 것이라. 이 세상도, 그 정욕도 지나가되 오직 하나님의 뜻을 행하는 자는 영원히 거하느니라(요일 2:15~17).

또 야고보 역시 세상과 벗이 된 자는 스스로 하나님과 원수가 된다고 단호히 말한다.

> 간음한 여인들아, 세상과 벗이 된 것이 하나님과 원수 됨을 알지 못하느냐 그런즉 누구든지 세상과 벗이 되고자 하는 자는 스스로 하나님과 원수 되는 것이니라(약 4:4).

세상과 세상에 있는 것을 사랑하면 하나님 아버지의 사랑이 그 사람 안에 있지 않다. 세상과 세상의 것들을 사랑하는 것은 하나님의 뜻을 행하는 것이 아니다. 세상과 벗이 된 것은 하나님과 원수 되는 것이다.

그러므로 우리는 어떤 이유로든 세상과 타협하거나 세상과 세상의 것들을 사랑하지 말아야 한다. 오히려 우리가 하나님의 백성이고 하나님의 자녀이며, 예수 그리스도의 제자라는 점을 더욱 분명히 하면서 삼위일체 하나님을 사랑해야 한다. 비록 우리 현실이 힘들고, 고통스러워도, 세상과 타협하지 말고, 믿음을 따라 살아야 한다. 우리가 세상으로부터 구별된 사람이라는 것을 믿음의 삶으로 보여주고, 하나님께만 충성하는 길을 걸어야 한다. 그 길에서만 우리가 세상으로부터 구별된 사람임이 드러나고, 참된 그리스도인으로 살아갈 수 있다.

믿음으로 단호하게 행동하라

구약 다니엘서를 읽어보면, 사드락과 메삭과 아벳느고의 믿음은 오늘날 우리에게도 깊은 도전을 준다. 그들은 느부갓네살 왕이 세운 금 신상에 절하지 않았다는 이유로 왕 앞에 끌려왔다. 왕은 한 번 더 기회를 주겠다며, 음악 소리가 나면 금 신상에 절하라고 명령했다. 그렇지 않으면 맹렬히 타는 풀무불에 던져 넣겠다고 위협했다.

그러나 세 사람은 조금도 흔들리지 않았다. 대제국의 왕 앞에서, 자신들이 섬기는 왕 앞에서 이렇게 담대하게 대답했다.

> 느부갓네살이여, 우리가 이 일에 대하여 왕에게 대답할 필요가 없나이다. 왕이여, 우리가 섬기는 하나님이 계시다면 우리를 맹렬히 타는 풀무불 가운데서 능히 건져내시겠고 왕의 손에서도 건져내시리이다. 그렇게 하지 아니하실지라도 왕이여, 우리가 왕의 신들을 섬기지도 아니하고 왕이 세우신 금 신상에게 절하 지도 아니할 줄을 아옵소서(단 3:16~18).

이들의 믿음은 타협을 모르는 믿음이었다. 이들은 세상이 주는 모든 것을 얻기 위해 믿음을 버리는 대신, 모든 것을 잃어도 믿음을 지키는 쪽을 선택했다. 금 신상에게 절하고 느부갓네살에게 충성하며 관직 생활을 이어갈 것인가, 아니면 하나님만 믿는 믿음을 지키다가 풀무불에 던져

져 죽을 것인가 하는 갈림길에서 그들은 망설이지 않았다. 사느냐 죽느냐 하는 경계에서 주저하지도 않았고, 단호하게 하나님을 선택했다. 여호와 하나님이 자신들의 하나님이기 때문에 왕의 신들을 섬기지도 아니하고 왕이 만든 금 신상에게 절하지도 아니할 것이라고 자신들의 신앙적 입장을 분명하게 밝혔다. 타협하고 목숨을 부지하는 대신에, 죽는다고 할지라도 여호와 하나님에 대한 믿음을 지키기로 한 것이다.

오늘 우리의 현실에도 끊임없는 유혹이 있다. 육신의 정욕과 안목의 정욕과 이생의 자랑거리들을 추구하라고 손짓한다. 하나님보다 세상을 더 사랑하라고, 예수 그리스도보다 세상의 것들을 더 사랑하라고 부추긴다.

그리고 얼마든지 하나님의 성전과 우상이 일치할 수 있고 그리스도와 벨리알이 조화를 이룰 수 있다고 회유한다. 믿는 자가 믿지 않는 자와 함께 멍에를 맬 수 있으며 정의와 불의가 함께 공존할 수 있다고 우리를 설득한다. 그리고 세상 사람들은 모두 그렇게 산다고 말한다. 다시 말해, 하나님과 예수 그리스도를 믿는다고 유별나게 살 필요가 없다는 것이다. 굳이 고리타분하게 나실인처럼 살지 말고, 적당히 현실에 타협하면서 주일에 교회에 나가 예배드리고 적당히 봉사도 하는 정도로 살라고 한다. 우리의 현실적인 어려움들을 이유로 들며 현실을 무시하지 말라고 말한다. 또한, 현실의 문제는 지금 당장 우리 앞에 있는 문제이고, 믿음은 나중에라도 잘 믿으면 된다고 속삭인다.

그러나 이런 속삭임에 한두 번 양보하면 끝이 없다. 한 발 물러서면 두 발 물러서게 되고, 두 발 물러서면 결국 세상과 타협하며 믿음을 잃게 된다. 성경이 다니엘의 세 친구 이야기를 기록한 이유는, 오늘을 사는 우리도 그들처럼 결연한 태도를 보이기를 기대하시기 때문이다.

우리의 구원자 되신 예수님을 바라보면, 믿음이란 무엇인지 분명히 깨닫게 된다. 예수 그리스도께서 광야에서 이 세상의 신인 마귀에게 시험받을 때 어떤 태도를 보이셨는가 생각해 보라.

마귀는 예수님을 데리고 높은 산으로 갔다. 거기서 천하만국과 그 영광을 보여주며, 자신에게 경배하면 이 모든 것을 다 주겠다고 유혹했다. 눈앞에 펼쳐진 영광과 권세는 누구라도 마음을 끌 수 있는 것이었다.

그러나 예수님은 단호하게 거절했다.

사탄아, 물러가라. 기록되었으되 주 너의 하나님께 경배하고 다만 그를 섬기라 하였느니라(마 4:10).

그 순간 마귀는 물러갔고, 천사들이 와서 예수님을 수종 들었다.

이 장면은 우리에게 깊은 깨달음과 믿음이 어떠해야 함을 돌아보게 한다. 믿음은 현실의 유혹이나 압박 앞에서도 타협하지 않고, 자기중심을 분명히 하는 태도를 요구한다. 예수님이 보이신 단호함은 세상에서 직면하는 다양한 선택과 갈등 속에서, 우리가 어떤 태도를 보여야 하는지 생각하게 한다. 우리는 누구에게 마음을 두고 있는가? 어떤 상황에서도 예수 그리스도를 중심에 두고 살아가고 있는가?

우리에게 요구되는 것은 적당한 타협이 아니라 믿음의 단호함이다. 사탄에게 양보할 것은 없다. 사탄의 소원을 들어줄 필요도 없다. 세상과 타협할 이유도 없다.

어떤 유혹이나 회유, 심지어 위협 앞에서도 이 믿음을 저버릴 수 없다. 세상과 타협하다가 하나님과 원수가 될 수 없다. 세상과 세상의 것들을 사랑하다가 예수 그리스도를 떠나 불행을 자초할 필요도 없다.

우리는 오로지 하나님만 경배하며 섬기는 사람들이다.

우리는 예수 그리스도가 우리의 구원자가 되신다고 믿고 고백하며 사는 사람들이다. 우리는 하나님의 입에서 나온 말씀과 예수 그리스도의 가르침을 따라 사는 사람들이다. 여호와 하나님이 나의 하나님이시고 우리는 그분의 백성이다. 여호와 하나님이 나의 아버지이시고 우리는 그분의 자녀이다.

믿음의 삶은 단순히 규칙을 지키거나 의무를 수행하는 것이 아니다. 그것은 하나님의 백성과 자녀로서, 세상 속에서도 구별된 정체성을 지닌 존재로 살아가는 것이다. 예수님이 보여주신 모범처럼, 때로는 쉽지 않은 선택 앞에서도 하나님께 중심을 두고, 그분의 뜻에 따라 길을 걸어가는 삶이다.

그러므로 단 한 걸음도 세상에 양보하지 말라. 한 치도 사탄에게 내어주지 말라. 오직 단호한 믿음으로 행동하고, 하나님의 백성과 자녀답게 자신의 구별된 삶을 살아라. 그리스도 예수의 제자답게 예수님의 모범을 따라가라. 이것이 하나님께서 오늘을 사는 우리에게 원하시는 믿음의 삶이다.

8.
예수 중심이 아닌 믿음은 진짜 믿음이 아니다

히브리서 12:1~3

　변남석 씨는 밸런싱 아티스트(Balancing Artist)다. 그는 밸런싱 아트를 이렇게 설명한다. "물체가 크든 작든지 상관없이, '그 물체의 모서리로 세우는 것'이 밸런싱 아트입니다."[1] 그는 작은 돌이나 병, 의자도 세우고, 오토바이나 냉장고처럼 크고 무거운 물건도 자신이 원하는 모서리에 똑바로 세운다. 그는 산과 바다, 강, 도심을 흐르는 하천에 돌들을 세워 작품을 만든다. 그의 작품은 설치 미술품 전시나 미술품 경매에도 나온다. 그가 우리나라보다는 해외에서 더 잘 알려져, 아랍 왕자의 초청으로 두바이 몰에서 공연을 하기도 했고, 독일의 '갓 탤런트'에도 출연했다. 국내에서는 [생활의 달인]이나 [유 퀴즈 온 더 블럭]에 나왔다.

　밸런싱 아트에서 가장 중요한 것은 중력이 끄는 무게 중심과 균형을 잡는 일이다.

우리 삶과 믿음도 '중심 잡고 사는 것'이 중요하다. 일이 잘될 때나 어려울 때, 평안할 때나 소용돌이 속에 있을 때나 중심을 잡고 살아가는 것이 중요하다. 교회나 일터, 그리고 가정에서, 우리가 어디서 무엇을 하든 우리 삶을 이끄는 '중심'을 잡고 '균형' 있게 사는 것이 중요하다.

삶과 인생에서 중심은 무엇보다 중요하다

중심을 잃으면 결국 쓰러지고 만다. 반대로 중심을 잡아야만 균형을 유지할 수 있고, 흔들리지 않고 똑바로 설 수 있다. 중심이 잡히면 하나님과의 수직적 관계와 사람과의 수평적 관계에서도 조화를 이루게 된다.

어릴 때 자주 가지고 놀았던 것 중 하나가 바로 팽이다. 팽이는 그냥 세워두면 곧 쓰러진다. 하지만 빠르게 돌리면 회전하는 힘과 무게 중심 덕분에 곧게 선다. 속도가 줄어들면 중심이 흔들리고, 결국 비틀거리다 쓰러진다. 우리 삶도 이와 같다. 삶의 중심을 잃으면 정신적·감정적 혼란뿐 아니라 가정, 인간관계, 일, 생활의 사소한 것까지 비틀거린다. 영적으로 공허해지고 마침내 삶 전체가 무너지게 된다.

우리가 쓰러지지 않고 똑바로 서 있기 위해서, 그리고 제대로 잘 살기 위해서는 우리의 중심을 찾아야 하고 그 중심에 집중해야 한다.

삶의 중심이 될 수 없는 것들

문제는 누구나 무언가를 중심에 두고 살지만, 그것이 인생의 진정한 중심이 아닌 경우가 많다는 점이다. 잘못된 것을 중심으로 삼으면 가정이 흔들리고 삶이 무너진다. 믿음조차 불안정해진다.

주변과 자신을 살펴보면, 사람들이 무엇을 삶의 무게 중심으로 삼고 있는지 금세 알 수 있다. 예수님을 믿는다고 하면서도 믿음의 중심이 될 수 없는 것을 따라 신앙생활을 하는 경우가 많다. 참으로 안타까운 현실이다. 그렇다면 과연 어떤 것이 우리의 삶과 믿음의 중심이 되어서는 안 되는가?

먼저, 삶의 중심이 될 수 없는 것들을 간략하게 살펴보자.

돈과 재물

재물과 돈은 인간 삶에 꼭 필요하지만, 결코 인생의 중심이 될 수 없다. 재물은 모았다가도 쉽게 잃을 수 있고, 언제든지 사라질 수 있다. 다시 말해 불안정한 것이다. 따라서 재물과 돈에 삶의 중심을 두면 마음은 늘 흔들리고, 결코 만족하지 못한다.

명예와 권력

권력이나 명예도 마찬가지다. 그것들은 영원한 것이 아니다. 잠시 있다가 사라지는 것이다. 언제든지 바뀔 수 있는 권력과 명예에 삶의 중심을 둔다면 교만하고 오만에 빠지기 쉽다. 교만하고 오만해지면 관계가 깨지고 결국 공허한 삶을 살게 된다.

사람

우리는 분명 서로 의지하며 더불어 살아가는 존재이다. 하지만, 인간 그 자체가 삶의 중심이 될 수 없다. 부모나 배우자, 심지어 자식을 자기 삶의 중심에 두고 살면 허망해질 수밖에 없다. 권력자도, 힘 있는 사람도 언제든지 변하기 쉽고, 또 떠나기 때문이다.

그렇다면 우리 삶의 진정한 중심은 무엇인가? 영원히 살아 계시며 우리를 끊임없이 사랑하시는 하나님, 그리고 우리를 위해 생명을 내어주신 예수 그리스도이시다. 이 부분에 대해서는 뒤에서 더 자세히 살펴볼 것이다.

믿음의 중심이 되려고 하는 것들

우리는 하나님과 예수님을 삶의 중심에 두어야 한다. 그러나 우리의 믿음 속에는 자꾸만 그 자리를 차지하려는 다른 것들이 있다. 겉으로는 신앙생활을 하는 것처럼 보여도, 실제로는 중심을 잘못 두고 살아가는 경우가 많다. 그렇다면 믿음의 중심이 되려 하지만 결코 중심이 될 수 없는 것에는 무엇이 있을까?

환경 따라 믿음

많은 사람이 환경을 따라 살아가고, 환경을 따라 믿음을 유지하려 한다. 그러나 환경은 수시로 변한다. 수시로 변하는 것은 삶의 중심이 될 수 없을뿐더러 되어서도 안 된다. 밸런스 아트를 할 때 중력이 끄는 무게 중심이 아니면 안 되는 것처럼 믿음 생활도 절대 중심이 되는 것이 아니면 금방 쓰러진다. 절대 중심은 변하지 않기 때문에 그 중심에 집중하고 균형을 이룰 때 가장 안정적인 상태가 된다.

수시로 변하는 환경으로 인하여 중심을 잃으면 균형을 유지할 수 없듯이, 믿음도 변하는 것에 뿌리를 두면 금세 흔들리고 만다. 환경이 좋을 때는 예수님을 잘 믿고 교회 생활이나 경건 생활에 열심을 내지만, 환경이 좋지 못하면 믿음이 흔들리고 약해지는 것은 건강한 믿음이 아니다.

전도할 때도 이런 모습을 자주 볼 수 있다. 어떤 이는 "지금은 먹고살기에 바쁘니 형편이 나아지면 예수님을 믿겠다"고 말한다. 또 어떤 이는 "자녀가 대학에 들어가면 믿겠다"라거나, "손주가 다 자라면 교회에 나가겠다"고 핑계를 댄다. 이 모든 말은 결국 환경이 좋아져야 예수님을 믿겠다는 뜻이다.

예수님을 믿는 사람 중에도 환경에 따라 믿음이 오르락내리락하는 사람들이 있다. 젊어서 돈을 많이 벌 때는 당당하고 자신만만하게 믿음 생활을 했지만, 나이가 들자, 자녀들이 주는 용돈으로 생활하면 갑자기 바람 빠진 풍선처럼 믿음이 쪼그라든다. 그럴 필요가 없는데도 말이다.

A.W. 토저는 이렇게 말했다. "언제까지 카멜레온 제자

처럼 환경에 따라 믿을 것인가?"[2] 참된 믿음은 환경에 따라 믿는 것이 아니다. 참된 믿음은 환경과 상관없이 삼위 하나님에게 중심을 두는 것이다. 참된 믿음은 환경이나 상황이 우리가 원하는 대로 되지 않아도, 그런데도 흔들림 없이 하나님과 예수님을 신뢰하는 믿음이다.

사실 하나님은 모든 환경을 주관하신다. 우리가 이 진리를 믿기 때문에 "동남풍아 불어라. 서남풍아 불어라."[3] 하며 믿음 생활을 하고, "큰 물결 일어나 나 쉬지 못하나 이 풍랑 인하여 더 빨리 갑니다"[4] 하면서 신앙생활 하는 것이다. 믿음의 성도는 환경에 매여 신앙생활 하는 사람이 아니라 하나님과 예수 그리스도를 중심으로 신앙생활 하는 사람이다.

자기 기분과 감정에 따라 믿음

요즘 사람들은 자기 감정과 기분, 자기 느낌을 굉장히 중요하게 여긴다. 물론 감정은 소중하다. 그러나 이것이 우리 인생의 무게 중심 역할을 하거나, 믿음 생활의 중심이 되면 위험하다.

내가 만난 어떤 사람은 자신이 다니는 교회에 대해 굉장히 만족하고 자부심도 갖고 있었다. 그 이유가 무엇이냐고 물었더니 목사님의 설교가 참 좋다고 했다. 그 교회 목사님은 어떻게 설교하기에 교인이 이렇게 만족하고 자부심까지 가질까 싶었다. 한편에서는 질투도 나고 다른 한편에서는 뭐라도 배울 수 있을까 싶어 물어봤다.

"목사님이 어떻게 설교하기에 그렇게 설교가 좋다고 하십니까?"

"우리 목사님은 우리가 듣고 싶은 말만 해주세요. 우리 목사님은 참 영리한 사람 같아요. 교인이 싫어할 것 같은 말씀은 절대로 안 하세요. 그래서 듣고 있으면 우리가 대접받는 느낌, 존중받는 느낌이 들어요. 그래서 좋아요."

"아 그래요…."

대답을 듣고 나서 마음 한편이 허전했다. 왜냐하면 설교란 '청중이 듣고 싶은 말'을 하는 것이 아니라, '하나님이 말씀하고 싶어 하는 것'을 전하는 것이기 때문이다. 설교는 '듣기 좋은 말'이 아니라 '들어야 하는 하나님의 말씀'이다. 설사 청중이 기분 나빠하더라도, 하나님의 뜻을 알려주는 것이 바로 설교이다.

강연은 청중의 입장에서 출발하기 때문에 청중이 듣고 싶은 말을 하면 된다. '청중이 원하는 말, 청중을 기분 좋게 해 주는 말, 위로해 주고 격려해 주고, 울고 웃겨주는 말'을 전한다. 그러면 두 번 세 번 강연자로 초청받을 수 있고, 유명 강사도 될 수 있다.

그러나 설교는 다르다. 설교는 하나님의 입장에서 출발한다. '하나님이 하고 싶어 하는 말씀'을 전하는 것이다. 설교는 하나님과 예수님, 그리고 성령님을 알려주는 것이며, 삼위 하나님의 뜻이 무엇인지 전하는 것이다.

그리고 우리가 원하는 삶이 아니라 삼위 하나님이 원하는 삶을 살도록 도움을 주는 것이다. 만일 하나님이 기뻐하는 삶을 살고 있지 못하다면 그것을 깨우쳐 주는 것이요, 어떻게 하면 하나님이 원하는 삶으로 돌아올 수 있는지, 어떻게 하면 엉망이 된 자신의 삶을 바로잡을 수 있는지 가르쳐 주는 것이 설교다. 설교는 하나님께서 원하시는 삶을 지속적으로 살아가도록 이미 주신 하나님의 말씀이나 예수 그리스도의 가르침을 상기시켜 주며, 궁극적으로 우리가 하나님 앞에 섰을 때 점도 흠도 티도 없이 거룩한 모습으로 설 수 있도록 돕는 것이다(참조, 갈 1:10).

그렇기 때문에 설교는 출발부터 청중의 입장에서 출발하지 않고, 하나님의 입장에서 출발한다. 청중을 기쁘게 하는 것이 아니라, 하나님을 기쁘시게 하는 것이다. 듣기 거북할지라도, 때로는 죄를 드러내 책망하는 말씀일지라도, 그것이 하나님의 말씀이기에 전해야 한다. 설교는 우리가 '듣고 싶은 말'이 아니라 '들어야 할 하나님의 말씀'을 전하는 것이다.

따라서 우리는 설교가 마음에 들지 않아도 그 말씀에 순종하고, 자신을 쳐서 예수 그리스도에게 복종시켜야 한다. 하나님을 기쁘시게 하려고 우리의 감정이나 기분, 그리고 느낌까지 십자가 앞에 내려놓아야 한다. 믿음 생활의 첫째 목적과 목표는 나를 기분 좋게 하는 것이 아니라, 하나님을 영화롭게 하는 데 있다.

그러나 자기 기분과 감정을 따라 믿음 생활을 하는 사람은 '자기'를 중심에 둔 믿음 생활을 하는 것이다. 기분이 좋으면 믿음도 좋아 보이고, 기분이 나쁘면 경건 생활이 심하게 흔들리거나 심지어 예배도 드리지 않는다. 감정에 따라 믿음과 생활이 천국과 지옥을 왔다 갔다 한다. 이것은 성숙한 믿음이 아니다.

물론 우리는 감정을 가진 존재이기 때문에 기분이 좋을 때도 있고 나쁠 때도 있다. 그러나 성숙한 신앙인은 감정을 다스릴 줄 아는 사람이다. 우리는 자신의 감정을 적절하게 통제해야 한다. 욕구와 욕망도 마찬가지지만, 감정에도 자제와 절제가 필요하다. 어린아이는 자신의 감정과 욕구를 통제하지 못해 소리 지르고 떼를 쓰기도 한다. 기분이 나쁘면 울기도 하고 물건을 집어 던지기도 한다. 그렇지만 성장하면서 자제심을 키우고 절제하는 법을 배워 자신의 감정을 다스린다. 성인이 되면 감정을 더욱더 잘 다스릴 수 있다. 그만큼 기분 따라 살지 않는다. 신앙도 마찬가지다. 하나님과의 관계에서 '영적 어린아이'처럼 기분대로 대하는 태도를 벗어나야 한다.

자기감정이나 기분에 근거한 믿음은 성경이 말하는 믿음이 아니다. 자기 감정에 자기 믿음을 굴복시키는 것이 아니라 예수 그리스도에게 자기 감정과 기분과 의지를, 그리고 자기 삶을 굴복시키는 것이 진정한 믿음이다. 기분이나 감정 따라 살지 않고 예수님의 가르침을 따라 사는 것이 참된 믿음이다.

편리를 따라 믿음

한 가지는 꼭 말하고 싶은 것이 있다. 그것은 요즘 '편리를 따라 믿음 생활'하려는 사람들이 많다는 것이다. '편리함'은 모든 사람이 원하는 것이다. 상품을 만들어 파는 사람들이 항상 고려하는 요소다. '편리함은 사회가 끊임없이 발전하는 이유이기도 하다. 새로운 기술과 상품은 우리의 삶을 더 편리하게 만들고, 마치 편리함이 곧 행복의 조건인 것처럼 광고한다.

우리가 생활하는 집 안을 둘러보라. 온갖 전자제품들이 집안에 가득하다. 현관문을 여는 전자키부터 시작해서 현관의 어둠을 밝혀주는 센서등, 그리고 인터넷을 이용해 시청할 수 있는 백 개가 넘는 채널의 TV, 컴퓨터, 노트북, 태블릿 PC 등이 있다. 핸드폰은 사람당 하나씩이다. 이뿐만 아니다. 전기밥솥, 가스레인지, 전자레인지, 식기세척기, 커피포트, 냉장고(김치냉장고), 세탁기, 건조기, 로봇 청소기, 에어컨, 선풍기, 전기장판과 보일러, 더운물과 찬물이 나오는 수도꼭지, 샤워기, 화장실 비데 등도 집에서 생활하는 사람이 편리하게 생활하도록 개발되었다. 심지어 집 밖에서도 이 모든 것을 스마트폰 하나로 제어할 수 있는 것은 놀라운 일이다.

이런 흐름 속에서 우리는 교회 안에서도 무의식적으로 편리함을 기대하고 추구한다. 여름에는 시원한 바람이 나오는 에어컨을 틀고, 겨울에는 따뜻하게 해 주는 온풍기를 틀어서 예배를 드린다. 목사의 설교나 찬양단의 음성이 마이크를 통해 스피커로 나올 때 최고의 음질이 나오도록 고급 음향 장비를 설치한다. 교회당 건물 안에는 카페와 도

서관이 들어서고, 넓은 주차장을 마련한다. 그리고 현대적 감각에 맞는 실내 디자인을 비롯하여 다양한 편의 시설을 제공하는 것도 교회당을 이용하는 사람들의 '편리함'과 '편안함'을 위해서다.

교회의 프로그램은 어떤가? 시니어, 성인, 청소년, 영유아 등 연령대에 맞는 다양한 프로그램을 운영한다. 각 사람의 성향과 취향, 그리고 추구하는 것들을 충족시켜 주기 위한 다양한 소그룹들과 프로그램이 운영된다. 미국의 새들백 교회는 한때 소그룹이 8,000개나 되었다고 한다.[5] 이와 같은 사역의 다양함과 '편리함'은 '교인이 원하는 것을 충족시켜 주고자 하는 수용자 중심'이 그 밑바탕에 깔려 있다.

물론 좋은 시설과 편리한 환경에서, 편안하게 신앙생활을 하는 것은 감사한 일이다. 그러나 모든 교회가 이렇게 할 수 있는 것은 아니다. 각각의 교회는 자기 형편에 맞게 할 뿐이다.

사실 옛날에는 교회가 문화적으로 가장 앞섰다. 사회에서 경험하지 못한 것을 교회에 가면 경험할 수 있었다. 온갖 편의 시설과 다양한 프로그램의 혜택을 교회로부터 받는 때가 있었다.

그러나 지금은 아니다. 지금은 정부와 각 도시, 그리고 사회가 추진하는 다양한 돌봄 시스템과 그런 것들을 제공하는 속도를 교회가 따라가지 못한다. 한때 좋았던 교회의 편의 시설들은 몇 년 안 되어 사회보다 뒤떨어진다. 학교에서 사용하는 컴퓨터나 조리 기구들, 그리고 빵을 굽는 기계 등은 5년 이상 사용할 수 없다. 반드시 새것으로 교체해야 한다. 그렇기 때문에 항상 '최신의 것'을 사용하게 된다. 하지만 교회는 사회가 변하는 속도만큼 교회의 시설들을 빠르게 바꿀 수 없다. 교회는 이런데 재정을 쓰기보다, 교회의 본질적 사역인 전도와 선교, 가난한 자들의 구제, 그리고 다음 세대를 양성하는데 더 많은 투자를 하기 때문이다.

그래서 교회마다 시설이 다르고, 제공하는 편리함이 다를 수밖에 없다. 어쩌면, 교회의 편의 시설과 프로그램들은 수십 년째 변하지 않는 교회들도 많다. 그런데도 사회는 하루가 멀다고 '편리함'을 따라 발전하고 있다.

이 차이 때문에 작은 교회에 가면 뭔지 모르는 불편함을 느낀다. 낡은 시설, 불편한 화장실이나 의자, 기대에 못 미치는 찬양과 예배와 프로그램들에서 오는 불편함이 있다. 시설도 불편한데 급기야 사람까지 불편한 경우도 있다. 좋은 교제가 이루어지면 좋은데 그렇지 못하면 만나는 것이 불편하고, 고충이다. 오전 예배뿐만 아니라 오후 예배까지 드리고 가라고 하는 말들이 귀에 거슬린다. 여기에 '교회 봉사도 좀 하라'는 말도 듣는다.

그러다 보면 사람들은 자연스럽게 "더 편한 교회에서 신앙생활 하고 싶다"는 생각을 하게 된다. 간섭받지 않고 예배드리고 싶고, 봉사와 상관없이 자신이 하고 싶은 대로 할 수 있는 데서 신앙생활을 하고 싶다는 생각이 든다. '꼭 이 교회에만 하나님이 계시는 것은 아니지 않느냐, 다른 교회에도 하나님이 계시고 그곳에서 예배드려도 하나님은 같으니 편한 교회에서 예배드리고 싶다'는 생각이 든다. 불편하기 때문이다.

그러나 편리함을 중심에 두고 교회를 옮겨 다니는 태도는 건강한 신앙의 모습이 아니다. 세상이 편리함을 내세우며 사람들을 끌어당기는데, 우리까지 믿음 생활의 중심을 편리함에 둔다면, 제대로 신앙 생활하기가 어렵다.

성경은 우리에게 편안함을 중심으로 신앙생활 하라고 하지 않는다. 조금은 불편해도 하나님께서 이 교회로 나를 부르셨다는 하나님의 부르심을 생각하며, 자기 위치를 지키고 자기 사명을 감당하는 것이 성경에서 말하는 믿음 생활이다. 에베소 교회로 부르심을 받은 성도는 에베소 교회에서, 데살로니가 교회로 부르심을 받은 성도는 데살로니가 교회에서, 고린도에 있는 하나님의 교회로 부르심을 받은 성도는 고린도 교회에서 부르심을 따라 살았다.

마찬가지로 오늘 우리도 하나님이 부르신 교회에서 신앙생활을 하는 것이 하나님께서 기뻐하시는 길이다. 그 교회가 편리한 교회이든지 아니면 불편한 교회이든지 상관없이 자기 사명과 자리를 지키는 것이 믿음이다.

> 각 사람은 부르심을 받은 그 부르심 그대로 지내라(고전 7:20, 참조 고전 7:24).

성경적 믿음은 편안함이 중심이 아니라 하나님의 부르심이 중심이다.

이처럼 우리의 신앙의 중심을 흔드는 요인들, 즉 환경, 자기 감정이나 기분, 편리함은 결코 우리의 믿음과 삶에 진정한 중심이 되지 못한다. 오히려 우리를 쓰러뜨리고 자빠지게 한다. 또한 흔들리고 쓰러졌을 때 우리를 오뚝이처럼 다시 세워주시 못한다.

삶과 믿음의 진정한 중심, 예수 그리스도

그렇다면, 중력에 이끌리는 절대 중심 같은 것, 삶과 믿음의 절대 중심은 무엇인가? 우리의 생활과 믿음을 총체적으로 이끄는 중심은 무엇인가? 결론부터 말하면, 예수 그리스도이시다.

삶의 모범이 되시는 예수 그리스도

세상에는 훌륭한 삶을 산 사람들이 많지만, 예수 그리스도만큼 완전한 삶의 모범이 되는 사람은 없다. 예수님은 완전한 하나님이시자 완전한 인간으로서 인간이 어떻게 살아야 하는지 몸소 보여주셨다. 그분의 인격과 성품, 가정생활, 노동하는 모습, 피조물을 대하는 태도, 그리고 신앙적 모범까지 어느 것 하나 부족함이 없다.

사도들은 자신들의 가르침을 받는 성도와 독자들에게 한결같이 예수님을 본받으라고 강조한다. 예를 들면, 사도 베드로는 "이를 위하여 너희가 부르심을 받았으니 그리스도도 너희를 위하여 고난을 받으사 너희에게 본을 끼쳐 그 자취를 따라오게 하려 하셨느니라."(벧전 2:21)라고 말하였다. 여기서 '그리스도의 발자취를 따라간다'는 말은 예수님의 삶과 고난, 순종을 본받으라는 의미이다.

사도 바울은 고린도전서 11:1에서 "내가 그리스도를 본받는 자 된 것 같이 너희는 나를 본받는 자가 되라."고 권면하고, 빌립보서 2:5~8에서 예수님의 겸손과 섬김, 순종의 태도를 구체적으로 보여주며 "너희 안에 이 마음을 품으라 곧 그리스도 예수의 마음이니… 자기를 낮추시고 죽기까지 복종하셨으니 곧 십자가에 죽으심이라"고 말했다.

무엇보다 예수님은 제자들을 부르실 때, "나를 따르라"고 말씀하시면서 부르셨다(막 8:34). 그리고 수많은 무리에게는 "나는 마음이 온유하고 겸손하니 나의 멍에를 메고 내게 배우라 그리하면 너희 마음이 쉼을 얻으리니"(마 11:29)라고 요청하셨다. 그뿐만 아니라 "내가 너희에게 행한 것같이 너희도 행하게 하려 하여 본을 보였노라."(요 13:15)고 말씀하시면서 자신을 직접 본받으라고 초대하셨다.

이 요청은 예수님을 단순히 흉내 내라는 의미가 아니라, 예수님의 인격과 마음가짐, 생각과 사고방식, 삶의 태도와 방식까지 총체적으로 닮으라는 요청이다. 예수님을 삶의 절대 중심에 두고, 그분을 닮아 예수님처럼 살 때 사람은 비로소 사람다운 삶을 살고, 흔들림 없는 균형 잡힌 삶과 참 만족과 행복을 누릴 수 있다.

믿음의 중심이 되시는 예수 그리스도

믿음의 주요 또 온전하게 하시는 이인 예수를 바라보자. 그는 그 앞에 있는 기쁨을 위하여 십자가를 참으사 부끄러움을 개의치 아니하시더니 하나님 보좌 우편에 앉으셨느니라 (히 12:2).

이 말씀은 우리 믿음의 진정한 중심이 무엇인지를 말한다. 그것은 바로 예수 그리스도이시다. 예수 그리스도만이 우리의 삶과 믿음, 그리고 신앙생활의 절대 중심이다. 우리가 예수 그리스도를 중심으로 서지 않는다면 우리는 쉽게 쓰러지고 자빠진다. 그러나 예수 그리스도에게 중심을 두고 믿을 때 중력이 끄는 것처럼, 예수 그리스도가 끌어당기는 힘을 따라가면 똑바로 설 수 있다. 예수 그리스도를 믿음의 중심에 두고 믿음 생활을 할 때 균형 잡히고 쓰러지지 않는 믿음 생활을 할 수 있다.

예수 그리스도를 중심으로 살 때 우리의 삶과 인생이 헛되지 아니하며 훗날 하나님 앞에서, 잘했다고 칭찬받는다. 사도 바울처럼 "나는 선한 싸움을 싸우고 나의 달려갈 길을 마치고 믿음을 지켰으니 이제 후로는 나를 위하여 의의 면류관이 예비되었으므로 주 곧 의로우신 재판장이 그날에 내게 주실 것이며 내게만 아니라 주의 나타나심을 사모하는 모든 자에게도니라."(딤후 4:7~8)라고 고백할 수 있다.

예수님은 우리 믿음의 주이시다

왜 예수 그리스도만 우리 믿음의 중심이 되는가? 히브리서 12:2에서 예수 그리스도를 가리켜 "믿음의 주"라고 말한다. 여기서 '믿음의 주'라는 말은 두 가지 의미가 있다.

첫째, '창시자'라는 뜻이다. 문자적으로 '믿음의 개척자' 또는 '선두', '시작자', '근원자'라는 뜻이다(히 2:10, arkegon,). 예수님은 우리 믿음의 시작과 끝이다. 그렇기 때문에 우리 믿음의 진정한 중심이 된다.

둘째, '믿음의 완전한 모범'을 뜻한다.[6] 예수님은 우리가 어떻게 믿어야 하는지, 어떻게 믿음의 삶을 살아야 하는지 완전한 모범이고 모델이시다. 다른 모범과 모델은 없다.

비록 신구약 성경에서 믿음 좋은 사람들을 볼 수는 있지만, 완전한 모범은 아니다. 크고 작은 실수와 오점들이 있기 때문이다. 믿음의 조상 아브라함만 보더라도 믿음의 진정한 모델이 아니라는 것을 금방 알 수 있다. 아브라함은 흉년의 때, 애굽으로 피신하고 아내를 누이라 속였으며,

이스마엘을 통해 하나님의 약속 성취를 시도하는 실수를 했다. 모세는 애굽인을 쳐 죽이고 미디안 광야로 도망쳤으며, 반석을 두 번 쳐 물을 내는 과정에서 하나님의 거룩함을 드러내지 못했다(민 20:10~12). 다윗도 마찬가지다. 하나님과 마음이 합한 다윗이지만, 바세바를 범하고 우리야를 전쟁터에서 죽게 한 큰 죄를 범했다. 이처럼 인간의 모범은 한계가 있다. 오직 예수 그리스도만이 완전한 모범이며, 그분을 본받을 때 우리는 하나님이 기뻐하시는 삶을 살 수 있다.

예수님은 온전하게 하시는 분이시다

또 히브리서 12:2에서 예수님을 가리켜 "온전케 하시는" 분이라는 표현은 '믿음의 궁극적인 목표를 달성하신 분, 철저하게 믿음의 완성을 이룬 분'[7]이라는 뜻이다. 그래서 예수님은 '자신의 대제사장 사역으로 믿음에 완전한 근거를 제공함으로써 믿는 모든 이를 위하여 하나님의 약속을 다 이루신 분'[8]이다.

그러므로 오직 예수님만 우리 믿음의 완전한 근거가 될 수 있으며 우리 믿음의 진정한 중심이 될 수 있다. 하나님의 약속이 우리 안에 다 이루어지게 하시는 분은 예수 그리스도뿐이다. 우리가 믿고, 우리의 삶과 신앙을 그분 중심으로 세우는 이유가 바로 여기에 있다.

우리에게 다른 중심은 없다. 환경도, 기분이나 감정도 믿음의 중심이 될 수 없다. 아무리 세상이 편리함을 높이 평가해도, 반대로 우리의 믿음 생활이 불편하다 할지라도, 편리함이 우리 믿음의 중심이 될 수 없다. 오직 예수 그리스도만 우리 믿음의 중심이다. 믿음의 창조자요, 모범이며 모델이신, 그리고 시작과 끝인 예수 그리스도만 삶과 믿음의 중심이 되신다.

사복음서에서 예수님의 삶을 살펴보면 예수님은 환경에 휘둘리지 않으셨다. 자기의 기분이나 감정에 따라 행동하지 않으셨다. 예수님은 십자가를 참고 부끄러움을 개의치 않으셨다. 오직 하나님을 중심에 모시고 그분이 원하시는 것을 위해 사셨다. 예수님은 하나님의 뜻이 이루어지도록 십자가에 죽기까지 복종하셨다. 예수님은 자신 앞에 있는 즐거움을 바라보며 모든 것을 참고 인내하셨고, 결코 낙심하지 않으셨다. 그리고 마침내 하나님 보좌 우편에 앉으셨다.

우리도 마찬가지다. 예수 그리스도를 우리 삶과 믿음의 중심에 둘 때, 우리 삶은 자연스럽게 그분을 중심으로 돌아간다. 사물이 중력에 이끌리듯, 우리는 항상 예수 그리스도에게 이끌리며, 그분을 중심으로 서 있게 된다. 예수 그리스도께서 보여주신 믿음의 완전한 모범을 따라 살 수 있다.

또한 우리 믿음의 주되신 예수 그리스도께서 개척하고 선두에 서서 걸어가신 그 길을 우리도 걸어갈 수 있다. 힘들고 어려움을 만나도 흔들리지 않고, 끝까지 완주할 수 있다. 결국 우리는 예수 그리스도께서 우리 믿음을 완성하시고, 궁극적으로 하나님의 모든 약속이 이루어지게 하는 것을 보게 될 것이다.

제3부

믿음이 파선하지 않도록

9.
믿음이 파선하지 않도록 착한 양심을 가지라

디모데전서 1:18~20

당신은 당신의 믿음이 부서지고 깨질 수 있다는 사실을 알고 있는가? 심지어 당신 스스로 자신의 믿음을 쓰레기처럼 버릴 수 있다는 것을 아는가? 성경을 보면, 어떤 사람들은 자신의 믿음에 관하여 파선한 자가 있다.

> 착한 양심을 가지라. 어떤 이들은 이 양심을 버렸고 그 믿음에 관하여 파선하였느니라(딤전 1:19).

믿음은 하나님의 은혜와 선물로 시작한다. 이제 막 하나님과 예수님을 믿는 믿음은 어린아이와 같은 믿음이다. 이 믿음은 성장하고 강해져야 한다. 교회 생활을 아무리 오래 해도 당신의 믿음이 성장하지 않으면, 그 믿음은 여전히 어린 애와 같은 수준에 머문다.

하나님은 우리의 믿음이 성장하고 더욱 강해지도록 연단하신다. 도가니로 은을, 풀무로 금을 연단하듯 우리의 믿음을 단련시킨다(잠 17:3 참조). 우리의 믿음이 순수해지도록 그 속의 불순물을 제거하신다. 온전히 하나님과 예수님만 신뢰하는 믿음이 되도록 단련시킨다(단 11:35, 12:10; 말 3:3 참조). 어떤 불시험이 닥쳐도 능히 견뎌낼 수 있는 강한 믿음으로 연단하신다(벧전 4:12 참조). 또한 의와 평강의 열매를 맺게 하려고 연단하신다(히 12:11 참조). 더 나아가 믿는 자가 스스로 지각을 사용해 선악을 분별하고 하나님의 말씀과 뜻을 따라 살도록 훈련하신다(히 5:14).

믿음이 연단이나 훈련을 받지 않는다면, 그 믿음은 강하지 못하고 약한 상태로 있을 것이다. 믿음이 약하다는 것은 위험에 직면했을 때 견디지 못할 수도 있다는 뜻이다. 믿음이 약하면 쉽게 무너지고, 제힘을 발휘하지 못한다. 영적 전투에서 승리하지 못해 패배자가 될 수 있다. 이 점을 주의하지 않거나 자칫 잘못하면, 믿음이 부서지고 깨질 수도 있다. 마치 배가 풍랑이나 거친 파도에, 혹은 암초에 부딪혀 산산이 부서지고 결국에는 침몰하는 것처럼 말이다.

예수님을 믿는 자의 구원은 결코 상실되지 않는다

기독교 교리 가운데 '성도의 견인' 교리가 있다. 이 교리는 칼빈에 의해 주창되었으며, 요한복음 10:28, "내가 그들에게 영생을 주노니 영원히 멸망하지 아니할 것이요, 또 그들을 내 손에서 빼앗을 자가 없느니라"는 말씀을 강해할 때 설명되었다. 칼빈은 이 구절을 해설할 때, '주님은 신자들의 구원을 신실하게 지키는 파수꾼이며, 우리의 구원은 하나님의 손안에 있고, 하나님께서 권능으로 안전하게 보호하시기 때문에 절대 빼앗기지 않는다. 그리스도의 말씀은 신자들의 구원이 확실히 보장되어 있다는 것을 암시한다'[1]고 구원의 확실성을 강조하여 해설했다.

성도의 견인 교리의 의미는 크게 두 가지 측면에서 이해할 수 있다. 먼저, 하나님 관점에서 보면, '하나님의 영원한 섭리에 따라 선택받고 성령으로 거듭난 사람은 하나님의 보호와 인도, 그리고 신자 안에 내주하시는 성령님의 은혜로운 역사로 말미암아 하나님 자녀의 신분을 잃지 않는다. 비록 살면서 유혹에 넘어지고, 시험에 들며 죄를 범할 때도 있지만, 하나님 자녀의 신분을 잃지 않는다. 결국 성화의 과정을 거쳐 마지막 영화의 단계, 즉 영원한 구원에 반드시 이른다'는 내용이다(요 10:27~29; 롬 8:35~39; 빌 1:6; 살후 3:3; 딤후 1:12; 4:18; 요일 3:9; 5:18). 요점은, 예수님을 믿고 구원받은 성도는 삼위 하나님의 역사로 그 구원을 절대 잃지 않는다는 것이다.

성도의 견인을 인간의 관점에서도 살펴볼 수 있다. 이때는 '참 신자는 어떠한 유혹과 시험, 고난과 박해 속에서도 신앙 안에서 끝까지 인내한다'는 뜻이다. '끝까지 인내함으로 반드시 구원에 이른다'는 것이, 인간적인 관점에서 본 성도의 견인 교리의 핵심이다.

이처럼 성도의 견인은, '하나님의 측면에서는 신자를 구원하기 위한 하나님의 보존으로, 인간의 측면에서는 참 신자가 신앙 안에서 인내하여 구원을 이루어 가는 것으로 이해할 수 있다.'[2] 그러므로 신자의 구원은 절대 상실되지 않는다(요 6:39~40).

성도의 견인 교리는 알미니안 주의자들에게 거센 비난을 받았다. 이는 그들이 믿음보다도 행위를 더 강조하기 때문이다.

그러나 성도의 견인 교리를 깊이 살펴보면, 우리의 모든 구원은 삼위일체 하나님께서 이루시며, 우리는 그 구원을 은혜의 선물로 받는다. 그것도 값없이 주시는 하나님의 은혜로 구원받는 것이다. 예수님께서 "나를 보내신 이의 뜻대로 내게 주신 자 중에 하나도 잃어버리지 아니하고 마지막 날에 다시 살리실 것이다."(요 6:39~40)라고 말씀하신 것처럼, 예수님은 우리를 다시 살리셔서 영원한 생명, 곧 오는 세상에 들어가게 하실 것이다. 우리를 심판에 이르지 않게 하시고 사망에서 생명으로 옮기신 분은 예수님이시다. 그러므로 주를 믿는 자는 이미 구원받았고, 앞으로도 반드시 구원받을 것이다.

여기서 주의할 점이 있다. 구원은 전적인 하나님의 은혜로 주어지지만, 구원받은 자로서의 '삶', 즉 '믿음의 삶'은 우리의 반응과 순종, 그리고 예수 따름이 반드시 동반되어야 한다. 예수 그리스도를 믿는다고 해서, 믿는 사람은 아무것도 하지 않아도 된다고 생각해서는 안 된다. 이미 구원받았다고 해서, 방종하거나 함부로 살아서는 안 된다. 믿음 생활에는 믿음을 가진 사람의 적극적인 응답이 요구된다. 다시 말해, 내주하시는 성령님께서 하나님의 말씀대로 살도록 인도하실 때, 우리는 그 인도하심에 응답하여 순종해야 한다(행 27:25 참조). 또한 하나님의 인도하심에 대해서는, 거룩하신 하나님처럼 거룩해지고자 하는 응답과, 하나님이 온전하신 것처럼 자신도 온전해지고자 하는 응답이 있어야 한다. 하나님의 자비하심처럼 자비의 삶을 살고, 사랑이신 하나님이 우리를 사랑하신 것처럼 우리도 서로 사랑하며 사는 응답이 있어야 한다.

예수 그리스도께서 자신을 대속 제물로 내어주시며 우리를 섬기시고, 이 악한 세대와 우리의 죄에서 구원하신 것처럼, 우리도 예수 그리스도께서 이루신 구원, 곧 '우리의 구원을 이루고자 하는 응답'을 보일 때 우리의 구원은 상실되지 않는다. 또한 사탄이 베드로를 밀 까부르듯 시험하려 할 때, 예수 그리스도께서는 베드로의 믿음이 떨어지지 않도록 기도하셨다. 이와 같이 우리도 '믿음이 떨어지거나 약해지거나 사라지지 않도록 기도해야 한다. 그리고 예수 그리스도를 굳게 붙잡고 믿음 안에 굳건히 서 있어야 한다.' 그렇게 하면 우리의 구원은 결코 상실되지 않는다.

우리의 믿음이 파선할 수도 있다는 경고의 말씀

성경이 명확히 말하는 바는, '어떤 이들이 믿음에 파선했다'는 사실이다. 디모데전서 1:19 말씀을 보라.

> 믿음과 착한 양심을 가지라. 어떤 이들은 이 양심을 버렸고

그 믿음에 관하여는 파선하였느니라.

이 말씀은 우리의 믿음이 파선, 즉 부서지고 깨져 마치 침몰하는 배처럼 될 수 있음을 경고한다.

성경에는, 진실로 회개하고 예수님을 자신의 주와 그리스도로 믿을 때 그 믿음으로 받게 되는 구원은 절대 상실되지 않는다고 말하는 구절이 많다(롬 8:29~30; 고전 1:8~9; 엡 1:13~14; 4:30; 고후 1:22; 빌 1:4~6; 딤후 4:18; 히 7:23~25; 벧전 1:3~5).

그런데 또 어떤 성경 구절들은, 디모데전서 1:19 말씀처럼 믿음이 파선할 수 있으며 구원받지 못할 수도 있는 것처럼 말씀한다. 예를 들면, 예수님께서 마태복음 10:22에서 "나중까지 견디는 자는 구원을 얻으리라"라고 말씀하셨다. 이 말씀은 마치 아직 구원에 이르지 못한 것처럼 들리고, 끝까지 견디지 못하면 구원을 얻지 못하는 것처럼 보인다. 또 고린도전서 10:12 말씀은 "그런즉 선 줄로 생각하는 자는 넘어질까 조심하라"라고 경고한다. 히브리서 2:1은 "그러므로 모든 들은 것을 우리가 더욱 간절히 삼갈지니 혹 흘러 떠내려갈까 염려하노라."라고 말씀한다. 이는 우리가 넘어질 수 있고, 흘러 떠내려갈 수 있다는 경고를 한다. 히브리서 3:14도 "우리가 시작할 때에 확실한 것을 끝까지 견고히 잡으면 그리스도와 함께 참여한 자가 되리라."라고 말씀한다. 끝까지 굳게 잡으면 그리스도와 함께 참여한 자가 되지만, 그렇지 않으면 참여하지 못할 수도 있다는 의미처럼 들린다.

이러한 말씀들은 분명 '경고'의 성격을 지니지만, 우리의 믿음이나 구원이 상실되거나 구원에 참여하지 못할 가능성을 내포한다면 어떻게 해야 하는가?

믿음이 파선한 사례들

성경은 실제로도 믿음이 파선한 사례들을 언급한다. 디모데전서 1:19~20의 말씀을 보라.

> 믿음과 착한 양심을 가지라. 어떤 이들은 이 양심을 버렸고 그 믿음에 관하여는 파선하였느니라. 그 가운데 후메내오와 알렉산더가 있으니 내가 사탄에게 내준 것은 그들로 훈계를 받아 신성을 모독하지 못하게 하려 함이라.

믿음에 파선한 이들 가운데 후메내오와 알렉산더가 있음을 언급한다. 이들은 자신들이 가진 믿음을 지키지 못해 결국 믿음이 깨져버렸다는 것이다. 그래서 그들은 사탄에게 내주었다고 한다.

디모데전서 4:1~2는 "그러나 성령이 밝히 말씀하시기를 후일에 어떤 사람들이 믿음에서 떠나 미혹하는 영과 귀신의 가르침을 따르리라 하셨으니 자기 양심이 화인을 맞아서 외식함으로 거짓말하는 자들이라."라고 말씀한다. 이 말씀을 보면 '훗날 어떤 사람들은 믿음에서 떠난다. 그리고 미혹하는 영과 귀신의 가르침을 따른다.' 마지막이 가까이 올수록 이런 사람들이 많을 것이라고 경고한다.

디모데전서 6:10에서는 "돈을 사랑함이 일만 악의 뿌리가 되나니 이것을 탐내는 자들은 미혹을 받아 믿음에서 떠나 많은 근심으로써 자기를 찔렀도다."라고 말씀한다. 즉, 돈을 사랑하다가 믿음에서 떠난 것이다. 사도 바울과 디모데가 목회하는 현장에서 그런 사람들이 있었기 때문에 '믿음에서 떠났다'는 과거형을 사용한다.

갈라디아서 5:4 말씀은 "그리스도에게서 끊어지고 은혜에서 떨어진 자"라고 말씀하면서 실제로 이런 자들이 있다고 한다. 그리스도에게서 끊어지고 은혜에서 떨어진 자들을 다시 그리스도께 접붙이는 것이 과연 가능할까?

히브리서 6:4~6 말씀을 보라.

한 번 빛을 받고 하늘의 은사를 맛보고 성령에 참여한 바 되고 하나님의 선한 말씀과 내세의 능력을 맛보고도 타락한 자들은 다시 새롭게 하여 회개하게 할 수 없나니 이는 그들이 하나님의 아들을 다시 십자가에 못 박아 드러내 놓고 욕되게 함이라.

교회 안에 있는 사람들 가운데 어떤 사람들은 '한 번 빛을 받았다'(F.F. 브루스는 조명을 세례로 해석한다). 또 '하늘의 은사를 맛봤다.' 주의 만찬, 즉 성도의 교제에 참여했다. '성령에 참여했다.' 어떤 식으로든지 성령의 역사를 경험했다(히 10:29 참조). 그리고 '하나님의 선한 말씀을 맛보았다.' 하나님의 말씀을 듣고 깨달음을 얻었거나 기쁨을 경험했다. '내세의 능력을 맛보았다.' 오는 시대의 어떤 기적이나 하나님의 표적이나 기사나 능력 등을 목격했거나 경험했다.

그런데도 이들은 '타락했다.' 타락한 자들은 안타깝게도 다시 새롭게 할 수 없다. 회개하게 하기가 너무도 어렵다. 이유는 하나님의 아들을 다시 십자가에 못 박았고, 드러내 놓고 예수 그리스도를 욕되게 했기 때문이다. 이처럼 히브리서 6:4~9에서도 놀라운 하나님의 은혜를 맛보고도 배교한 자들이 있다는 것이다.

무엇보다도 예수님께서 말씀하신 씨 뿌리는 비유(눅 8:13)에서 말씀하시길 "바위 위에 있다는 것은 말씀을 들을 때에 기쁨으로 받으나 뿌리가 없어 잠깐 믿다가 시험을 받을 때에 배반하는 자요"라고 말씀하신다. '잠깐 믿다'가 '배반했다'고 강조한다.

베드로후서 2:20~22 말씀도 동일한 말씀을 한다.

> 만일 그들이 우리 주되신 구주 예수 그리스도를 앎으로 세상의 더러움을 피한 후에 다시 그 중에 얽매이고 지면 그 나중 형편이 처음보다 더 심하리니 의의 도를 안 후에 받은 거룩한 명령을 저버리는 것보다 알지 못하는 것이 도리어 그들에게 나으니라. 참된 속담에 이르기를 개가 그 토하였던 것에 돌아가고 돼지가 씻었다가 더러운 구덩이에 도로 누웠다 하는 말이 그들에게 응하였도다.

베드로후서에서 말하는 어떤 자들은 '우리 주되신 구주 예수 그리스도를 알았다.' 그리고 '세상의 더러움을 피했다.' 그런 뒤 다시 세상 더러움에 얽매였다. 세상에 말려들어 정복을 당했나. 어떤 사람들은 의의 길을 알았다. 거룩한 계명도 받았다. 그러나 무슨 이유인지는 모르지만, 받은 거룩한 명령을 저버렸다. 개가 토한 것으로 돌아가고, 돼지가 씻었다가 더러운 구덩이에 다시 눕는다는 속담처럼 옛 생활로 돌아갔다. 베드로와 그의 독자들은 분명히 이런 자들을 알고 있다.

지금까지 말한 것의 요점은 이것이다. 믿음에 파선하는 자들이 있다. 믿음을 떠나 미혹하는 영과 귀신의 가르침을 따르는 자들, 그리스도에게서 끊어지고 은혜에서 떨어진 자들, 하늘의 은사와 성령에 참여하고도 배교한 자들, 그리고 세상의 더러움을 피했다가 다시 돌아간 자들이 있다. 어쩌면 그럴 위험에 처해 있는 자들일 수도 있다.

적당히 믿는 자들

예수님께서는 '아버지께서 내게 주신 자는 한 사람도 멸망하지 않고 마지막 날에 다 살리신다'고 말씀하시며, 믿는 자의 구원은 결코 상실되지 않는다고 하셨다. 그렇다면 왜 어떤 사람들은 믿음을 버리고 구원에 이르지 못하는가?

혹자는 이 사실을 근거로 성도의 견인 교리가 비성경적이라고 말하거나, 알미니안 주의자들처럼 구원은 하나님의 단독 사역, 즉 전적인 은혜가 아니고 신인 협력으로 얻는다고 결론짓기도 한다. 그러나 이러한 결론은 성경적 근거가 빈약한 주장이다.

그렇다면, 왜 어떤 사람은 믿음에서 떠나고, 믿음에 파선하며, 마침내 예수님을 십자가에 다시 못 박는 배교에 이르게 되는가?

후크마(Hoekema)는 이런 사람들을 '처음부터 참 신자의 계열에 속하지 않은 사람들'이라고 말한다.[3] 여러 학자가 이런 사람들을 가리켜 교회에 들어와서 '의의 도'를 실제로 배우고 경험했지만, 전폭적으로 믿지 않은 사람이거나 거짓 교사들로 본다. 다시 말해, 진실로 회개하지 않았고, 예수 그리스도를 알 수 있는 지식에 온전히 노출되었지만, 그리스도를 거부하고 참되게 믿지 않은 사람들이라는 뜻이다.

이들은 메시아에 대해 무지하지 않았다. 예수 그리스도를 알았지만, 궁극적으로 거부한 사람들이다. 하나님과 예수님의 말씀을 듣고 기쁨으로 받았다. 그러나 온전히 받아들인 것은 아니었다. 말씀으로 인해 환난이나 핍박을 당하거나, 세상의 재물의 유혹을 받으면 언제든지 그 말씀을 포기할 수 있는 정도만 받아들였다. 겉으로는 기뻐하며 받았지만, 하나님과 예수님께 전적으로 헌신하지 않고 그저

'적당히' 헌신했을 뿐이다.

분명 이들은 한 번 빛을 받았고, 하늘의 은사를 맛봤으며, 성령에 참여한 적도 있었다. 또한 오는 세상의 능력을 맛보기도 했다. 그러나 이들의 믿음은 자신들이 정한 '안전한 범위' 안에서만 믿었다.

이들은 전심전력하여, 다시 말해 자신의 지성과 감성과 의지를 다해 하나님과 예수님을 믿은 것이 아니다. 한 발은 하나님께, 다른 한 발은 세상에 두고 경계에 서 있었다.

이들은 예수님의 제자들처럼 '돌아갈 수 있는 모든 것을 버리지 않았다. 돌아갈 수 있는 다리를 끊고 전적으로 예수님께 귀의하지 않았다.' 이들은 상황에 따라, 언제든지 예수님을 버리고 본래의 자기 자리로 돌아갈 여지를 남겨둔 채, 일시적으로 회개하고, 적당히 믿은 것이다.

우리는 누가 참 신자인지 알지 못한다

우리는 교회 공동체에서 누가 진짜 예수님을 믿고 있는지 아니면 적당히 믿고 있는지 모른다. 참된 믿음을 가진 신자와 언제든지 믿음을 떠날 준비를 하며 교회에 출석하는 사람들을 인간의 눈으로 구별하기란 어렵다. 그럼에도 불구하고 교회 안에는 이 두 부류가 함께 존재한다.

예수님의 가라지 비유처럼, 밭에는 알곡도 있고 가라지도 있다. 교회 안에도 구원받은 신자가 있고, 단지 믿는 척만 하는 사람도 있다. 참된 믿음으로 하나님을 기쁘시게 하는 자도 있고 거짓 믿음으로 겉만 꾸민 자도 있다. 주께 온전히 속하지 못한 채 "주여, 주여" 말만 하면서 경계에 서 있는 사람들도 있다.

주님께서 다시 오실때에 '알곡과 쭉정이'(눅 3:17)가 명확하게 구별될 것이다. 그러나 지금은 겉모습만 보고 누가 알곡이고 누가 쭉정이인지 판단하기 어렵다. 분명 지상 교회 안에는 경건의 비밀을 알고 경건하게 사는 사람도 있고, 경건의 모양은 있지만 경건의 능력을 부인하는 자들도 있다(딤후 3:5). 열심히 모이며 부지런히 주를 섬기는 자들도 있고 모이기를 폐하는 자들도 있으며, 그런 자들의 잘못된 습관을 따르는 자들도 있다. 또 자칭 사도라 하는 자들도 있고(계 2:2), 살았다 하는 이름은 가졌지만 실제로는 죽은 자들도 있다(계 3:1).

이런 사례들을 보면, 하나님의 은총에서 스스로 떨어져 나간 사람들이 있다. 믿음을 지키지 못하고 파선한 배처럼 된 사람들이다.

그러므로 우리는 이들의 모습을 거울삼아 자신을 살펴야 한다. '나는 정말 예수님을 제대로 믿고 있는가, 아니면 믿는 척만 하고 있는가?'를 점검해야 한다. 그리고 우리의 믿음이 있다면 그것이 흔들리지 않는 견고한 믿음이 되도록 힘써야 한다.

믿음이 파선하지 않기 위해서

디모데전서 1:18~20 말씀은 우리의 믿음이 파선하지 않기 위해 필요한 태도를 알려준다.

주 예수를 전적으로 믿으라

먼저 말하고자 하는 것은 하나님과 예수님을 적당히 믿지 말고 전적으로 믿으라는 것이다. 전심전력을 다해 믿고, 전인격으로 믿으며, 당신의 지성과 감성과 의지를 다해 주를 신뢰해야 한다. 마음을 다하고 뜻을 다하고 힘을 다해, 심지어 목숨까지도 드릴 각오로 예수님을 믿을 때 믿음은 깨지지 않는다. 사업, 가족, 미래, 생명까지도 전부 주 예수 그리스도께 맡기고 그분께 헌신할 때, 예수님이 당신의 전부가 된다.

예수님 외에는 아무것도 없다고 여기는 사람은 언제 어디서든 그분을 온전히 신뢰하고 의지하게 될 것이다. 그리하면 하나님 아버지와 주 예수 그리스도의 간구하심과 성령의 도우심을 받아 믿음과 구원을 잃지 않게 될 것이다. 비록 유혹과 시험을 당해도, 하나님 아버지의 도우심으로 능히 이길 것이다. 때로는 사람들로부터 미움과 핍박을 받아도, 성령의 도우심으로 그것을 인내하며 견딜 수 있을 것이다. 먹든지 마시든지, 무엇을 하든지 예수님을 위해 살고자 하면, 그 모든 헌신과 섬김과 수고가 헛되지 않게 될 것이며 반드시 구원에 이를 것이다.

그러므로 믿는 척하거나, 반만 믿거나, 양다리를 걸친 믿음은 버려라. 그런 믿음은 아무짝에도 쓸데없다. 어떤 가치도 없고 믿음의 효력도 없다. 그냥 버려진 쓰레기와 같다.

참된 믿음은 삼위일체 하나님을 전적으로 믿는 믿음이다. 적당히, 혹은 잠깐만 믿지 않고 전심전력을 다해, 완전히, 그리고 영원히 믿는 믿음이다. 그러면 당신의 믿음과 구원은 절대로 파선하지 않을 것이다. 오히려 하나님과 예수님, 그리고 성령님의 도우심으로 말미암아 믿음이 더욱 견고해져 반드시 구원에 이르게 될 것이다.

착한 양심을 가지라

둘째, 믿음과 함께 착한 양심을 가져야 한다. 디모데전서 1:19은 "믿음과 착한 양심을 가지라"라고 권한다.

믿음은 마음의 영역이며, 그 마음속에는 양심도 있다. 우리가 믿는 바와 양심은 함께 움직이며 서로 영향을 주고받는다. 믿음은 양심을 살리고, 양심은 믿음에 힘을 더한다.

그러나 믿음과 양심이 서로 충돌하면 믿음은 성장하기 어렵다. 예를 들어, 예수 그리스도가 우리의 구원자이고 왕이시라고 믿지만, 양심이 선하지 못하거나, 악한 양심이라면, 속임수와 거짓이 마음속에 가득하다면, 그 믿음은 힘을 잃는다. 특히 양심이 '화인 맞은 양심'(딤전 4:2)과 같다면, 믿음은 마치 길바닥이나 바위 위에 뿌려진 씨앗처럼, 뿌리를 내리지 못하고 죽고 만다. 예수 그리스도를 믿는 믿음과 악하고 더러운 양심은 결코 공존할 수 없다.

그러므로 우리는 반드시 선한 양심, 착한 양심을 가져야 한다. 예수님을 진실로 믿고 자기 왕으로 영접한 사람은 그 사람 속에 성령이 내주하신다. 성령은 우리로 하여금 선한 양심을 지니도록 양심에 호소하고 자극하며, 선하게 행동하려는 갈망을 일으키신다. 참된 믿음은 반드시 선한 양심을 동반한다.

한경직 목사는 "'믿음'과 '양심'은 한 수레의 두 바퀴와 같아서 서로 떠날 수 없습니다. 믿음이 없이 착한 양심을 가질 수 없고 또 착한 양심이 없이는 믿음을 유지할 수 없습니다. 참 믿음이 있는 곳에 어디든지 착한 양심이 그림자와 같이 따라다닐 것입니다. 믿음의 비밀은 깨끗한 양심에서만 유지될 수 있는 것입니다"라고 말했다.[4]

참된 믿음이 착한 양심과 함께 작용할 때, 우리의 믿음은 더욱 견고하고 성숙하며 성결해진다. 또한 선한 양심은 어떤 상황에서도 우리의 믿음을 인내로 이끌며 마침내 구원에 이르게 한다. 그러므로 우리는 성령의 인도하심에 민감하게 응답하며, 선한 양심을 지키고 결코 그것을 버리지 말아야 한다.

착한 양심을 버리지 말라

셋째, 착한 양심을 버려서는 안 된다. 디모데전서 1:19에서 "어떤 이들은 이 양심을 버렸고 그 믿음에 관하여 파선하였느니라."라고 말씀한다.

양심이 어떤 역할을 하는지 안다면, 결코 착한 양심을 버릴 수 없다. A.W 토저는 "성경은 양심이 언제나 하나님의 편에 선다고 가르친다."[5]고 했다. 그는 또 "양심은 당사자를 제외한 모든 사람을 배제한다. 양심은 당사자가 다른 누군가에게 의존하는 것을 허용하지 않는다. 양심은 마치 다른 사람들은 전혀 존재하지 않는 것처럼 당사자 한 사람만 상대한다."[6]라고 말했다. 이어 그는 "양심은 내적 생명을 찌르고 마음을 움직이고 우리를 격리시킨다. 우리를 주변의 모든 것으로부터 단절시켜서 철저히 혼자 있게 한다. … 양심은 각 사람을 다수로부터 빼내어 홀로 있게 한다."[7]고 덧붙였다.

양심은 완전하지 않지만, 그 나름대로 사람의 내면에서 도덕적 기준과 법처럼 작용한다. 양심은 마음에 은밀히 말을 걸며 무엇이 선이고 악인지, 무엇이 정의이고 불의함인지, 무엇이 옳고 그른지, 무엇이 좋고 나쁜 것인지를 알게 한다. 그래서 양심은 은밀한 내적 음성이다.

이 음성이 우리로 하여금 선악을 분별할 수 있도록 도와준다. 양심은 예수님을 믿는 사람이나 믿지 않는 사람이나 모든 사람의 마음에서 우리가 '도덕적·윤리적'이라고 말하는 판단을 알려준다. 그리고 도덕법에 비추어 자신의 행위를 판단한다. 죄를 지으려고 할 때도 양심은 지금 하려는 일이 선하지 않고, 옳지 않다는 것을 경고한다. 지금 하려는 일이 정의가 아니라는 것을, 도덕·윤리적이지 않다는 것을 마음속에서부터 알려준다.

양심은 종종 '경고등'이나 '비상벨'처럼 작동한다. 우리 마음에 악한 생각을 품을 때, 양심이 가책을 느끼게 하고 꾸짖는다. 이것은 일종의 경고와 같다. 예수님을 믿는 사람이나 그렇지 않은 사람이나 일반적으로 알고 느끼는 죄의식이 있다. 양심은 그런 죄에 대해 경고하는 것이다.

만일 이런 경고를 무시한다면 반복해서 죄를 짓게 된다. 어쩌면 도덕·윤리도, 선악을 분별하지 못하며 사는 짐승처럼 변할 수도 있다.

그리고 계속해서 마음에 품은 악을 행한다면 엄중한 처벌을 받을 것이다. 사람들 앞에서, 혹은 자기 자신에게서 처벌을 받을 것이다. 특히 양심의 경고를 무시하면서 계속 하나님의 법을 어기고 하나님의 뜻과 명령에 불순종하는 죄를 짓는다면, 하나님으로부터 자신이 행한 대로 처벌을 받을 것이다. 하나님의 처벌은 영원한 지옥 사망에서 소금 치듯 불의 형벌을 받는 것이다. 따라서 양심이 보내는 경고를 무시하면 안 된다.

양심은 얼마든지 더러워질 수 있으며(딛1:15), 또한 악해질 수도 있다. 양심이 더러워지면 더러운 것을 더럽다고 느끼지 못한다. 죄를 죄로, 악을 악으로 반응하지 않는다.

양심이 예민한 사람이 있는가 하면 양심에 무딘 사람이 있다. 또 양심은 감각을 잃어 아무것도 느끼지 못할 수도 있다. 무감각한 양심이다. 성경은 이것을 '화인 맞은 양심'(딤전 4:2,개역성경)이라고 말한다. 우리의 피부가 불에 데면, 피부에 있는 모든 신경이 죽어버린다. 그러면 불에 덴 데는 아무런 느낌이 없다. 마찬가지로 양심이 불에 데면 양심이 제 기능을 발휘하지 못하는 것이다. 느낌을 느끼지 못하기 때문에 양심이 보내는 경고를 들을 수도 없고, 또 양심이 꾸짖는 소리도 듣지 못한다. 잘못해도 가책을 느끼지 못한다. 잘못하고 있으면서도 그것이 얼마나 잘못된 것인지를 모른다. 거짓말을 하고 속임수를 쓰면서도 아무런 가책을 느끼지 않는다. 죄가 죄인 줄도 모르고 죄를 짓고, 악이 악한 것인지도 모르고 악을 행한다. 사형에 해당한다는 것을 알지만 양심이 아무것도 느끼지 못하기 때문에 그런 죄를 반복해서 짓는다. 이런 양심을 가진 사람은 분명 사탄의 노예일 것이다(딤전 4:2, 공동번역 성경).

자꾸만 하나님의 뜻과 역행하고, 예수 그리스도의 길과 동떨어진 길을 걷는다. 이런 양심을 가진 사람은 하나님의 은총의 빛을 비췸을 받고도 그것이 얼마나 큰 은혜인지 또 소중한지 모른다. 하나님의 자비와 사랑을 받고도 깨닫지 못한다. 그래서 개가 토한 것을 도로 먹는 것처럼, 자신이 하나님의 말씀을 받을 때 버렸던 죄악을 다시 저지른다. 돼지가 씻은 후에 더러운 구덩이에 다시 눕는 것처럼, 죄악의 구덩이로 다시 들어가 온갖 죄와 악을 행하며 산다.

그래서 이런 사람들은 자신이 받은 하나님의 은혜를 지키지 못한다. 하나님의 은혜에 올바르게 응답하며 살지 않는다. 성령의 인도함에 응답하며 성령을 따라 살지 않는다. 오히려 아무런 가책도 없이 불법을 저지르고 성령이 원하는 바를 무시하고 육체의 욕망을 따라 산다. 그래서 결국에는 그의 믿음이 파선하고 만다.

하지만 착한 양심을 가진 사람은 다르다. 그는 착한 양심이 보내는 경고와 선한 양심이 보게 하고 깨닫게 하는 것을 무시하지 않는다. 양심의 이러한 작용을 귀하게 여기며 착한 양심을 따라 말하고 행동하며 생활한다.

무엇보다도 착한 양심이 예수 그리스도를 믿는 믿음과 함께 작용할 때, 믿음은 큰 힘을 얻고 담대해진다. 착한 양심이 믿음에 힘을 주고 에너지를 공급한다. 착한 양심이 믿음에 담대함을 불어넣는다. 그래서 믿음이 약해지거나 시들지 않고 강해지며 견고해진다. 믿음이 착한 양심 때문에 오히려 견고해지기에 굳게 서서 믿음으로 행하게 한다. 그러므로 착한 양심을 버려서는 안 된다.

착한 양심을 가지는 방법

그렇다면 어떻게 착한 양심을 가질 수 있는가? 일반적으로 갓 태어난 아기의 양심은 착하다. 하나님의 기준에 도달할 만큼 선하지는 않을지라도(원죄 때문에) 어느 정도는 착하다. 이런 양심이 더러워지고 악해지는 것은 양심이 꾸짖는 내적 음성을 무시하고 자꾸만 더러운 것, 악한 것, 불의한 것, 나쁜 것을 선택하기 때문이다.

선한 것을 선택하라

양심은 마치 길들이는 것과 같다. 그리고 그 길들임은 우리가 무엇을 선택하느냐에 따라 달라진다. 선한 것을 선택하면 양심은 선해진다. 공의와 정의를 선택하고 하나님 보시기에 기뻐하고 좋은 것을 선택하면 양심은 어느 정도 반듯한 양심이 된다.

그러나 양심이 꾸짖고 소리치며 가책을 느끼게 함에도 반대의 것들을 선택하면 양심은 자꾸만 더러워지고 악해진다. 악을 선택하고 악행을 저지르면 점점 더 악해진다. 악하다 못해 악에 대해 마비되고 결국에는 아무것도 느끼지 못하게 된다.

따라서 착한 양심을 가지는 한 가지 방법은 어떤 경우에도 하나님이 말씀하시는 선한 것, 올바른 것, 좋은 것을 선택하는 것이다.

회개와 보혈로 씻음받으라

우리는 어떻게 착한 양심을 가질 수 있는가? 둘째는 우리 양심이 예수 그리스도의 보혈로 씻김을 받아야 한다. 우리의 양심이 선하다 할지라도 어느 정도만 선하다. 그래서 완전히 깨끗하게 되는 씻음이 필요하다.

히브리서 10:22에서 "우리가 마음에 뿌림을 받아 악한 양심으로부터 벗어나고 몸은 맑은 물로 씻음을 받았으니 참 마음과 온전한 믿음으로 하나님께 나아가자."라고 말씀한다. 우리의 악한 양심에서 벗어나게 하는 것은 바로 예수님의 보혈이다. 우리가 지은 죄를 회개하고 예수 그리스도를 믿으면 우리 마음과 양심에 예수님의 피 뿌림을 받는다. 예수 그리스도의 피로 씻음받은 사람은 악한 양심에서 벗어나게 되고 선한 양심, 착한 양심, 곧 깨끗한 양심을 갖게 된다.

마음과 양심이 예수 그리스도의 피로 씻음을 받은 사람은 진리를 거부하지 않는다. 하나님과 예수님과 성령님, 그리고 진리에 저항하는 마음을 버리고 더 철저하게 삼위 하나님께 순종하게 된다. 하나님과 좋은 관계, 바른 관계, 화목한 관계를 맺는다. 마음과 양심에 예수님의 피 뿌림을 받으면 그동안 악에 사로잡혀 자유롭지 못하던 마음과 양심이 참 자유를 누리고 참 평안을 누린다.

믿음과 양심을 지키기 위해 싸워라

우리는 믿음과 착한 양심을 지키기 위해 싸워야 한다. 공동번역은 디모데전서 1:19을 이렇게 번역한다.

> 믿음과 맑은 양심을 가지고 싸워야 합니다. 어떤 사람은 양심을 저버렸기 때문에 그들의 믿음은 파선을 당했습니다.

사도 바울은 디모데전서 1:18에서 디모데에게 "전에 너를 지도한 예언을 따라 그것으로 선한 싸움을 싸우며"라고 말한다. 그리고 이어지는 디모데전서 1:19에서 "믿음과 착한 양심을 가지라"고 한다. 공동번역은 이 두 절을 연결하여, '믿음과 맑은 양심을 가지고 싸워야 합니다'라고 표현한다.

실제로 믿음 생활은 안일하게 머무는 생활이 아니라 전쟁하는 생활이다. 하나님과 예수님을 믿기 때문에 하늘의 평안을 누리고, 궁극적으로는 구원에 이르지만, 우리는 날마다 그 구원을 이루기 위해 싸워야 한다. 다시 말해, 이미 받은 '구원을 지키기 위해' 싸워야 한다. 우리가 예수 그리스도를 나의 주, 나의 왕, 나의 구원자로 믿는 '믿음을 지키기 위해' 싸워야 한다. 우리의 뜻대로 살지 않고 하나님의 뜻대로 살기 위해 싸워야 한다. 우리가 원하는 대로 살면서 주인 노릇 하지 않고 하나님이 원하시는 것을 하면서 예수님의 주인 되심을 위해 우리는 부단히 싸워야 한다.

예수님도 이 땅에서 하나님의 뜻과 약속을 이루기 위해 영적인 전투를 하셨다. 한 걸음도 물러서지 않고 끝까지 싸우셨다. 마침내 십자가에서 '다 이루었다'라고 선언하셨으며, 사흘 만에 부활하셔서 사망의 권세를 깨뜨리고 우리를 죄와 사망에서 구원하셨다.

사도 바울 또한 이렇게 고백한다.

나는 선한 싸움을 싸우고 나의 달려갈 길을 마치고 믿음을 지켰으니(딤후 4:7).

그의 삶은 자신의 믿음을 지키기 위한 전투의 삶이었다. 그것도 치열하게 싸웠다. 온갖 회유와 유혹과 핍박과 박해에도 불구하고 자신의 믿음을 지켰다. 온갖 역경과 고난과 생명을 위협하는 위험 속에서도 자신의 믿음을 지켰다. 그래서 마침내 그는 자신이 달려갈 길을 마치고 믿음을 지켰으니 이제 예수 그리스도께서 주시는 의의 면류관을 바라보게 되었다.

우리 역시 믿음과 선한 양심을 지키기 위한 싸움을 싸워야 한다. 후메내오와 알렉산더(딤전 1:20; 딤후 4:14)와 데마(딤후 4:10)는 마음을 다하고 힘을 다하고 목숨을 다해 예수 그리스도를 믿지 않았을 뿐만 아니라 자신들의 믿음과 양심을 지키는 싸움을 싸우지 않았다. 이들은 예수님보다 세상을 더 사랑하고, 돈을 더 사랑하며 결국 자신들이 사랑한 것을 쫓아 예수님을 떠나버린 것이다.

그렇기 때문에 사도 바울은 디모데와 오늘을 사는 우리에게 이렇게 권면한다.

믿음의 선한 싸움을 싸우라. 영생을 취하라. 이를 위하여 네가 부르심을 받았고 많은 증인 앞에서 선한 증언을 하였도다(딤전 6:12).

믿음의 삶은 곧 하나님께서 선물로 주신 믿음을 지키는 전투의 삶이다. 이 싸움이 불편하다고 피하지 말아야 한다. 승리할 자신이 없다고 미리 겁먹고 포기하지도 말아야 한다. 하나님은 당신을 돕고, 예수님은 당신과 함께하시며, 성령님은 지혜와 담대함을 주신다. 삼위 하나님은 당신을 보호하여 믿음과 양심이 파선하지 않도록 지키실 것이다.

그러므로 당신은 하나님의 자녀이며, 예수 그리스도가 당신의 구원자이고 왕이시라는 사실을 믿고 담대하라. 물러서거나 양보하거나 타협하지 말고, 당신의 믿음과 양심을 지켜라. 그러면 하나님께서도 당신을 도와 당신의 믿음과 양심이 파선하지 않도록 보호해 주실 것이다. 당신으로 하여금 충분히 인내하게 하며, 마침내 구원에 이르게 하실 것이다.

10.
행함이 없는 믿음은 죽은 믿음이다

야고보서 2:17~26

한때 한국 성도들은 교리 공부를 매우 열심히 했다. 웨스트민스터 신앙고백서와 대소요리문답, 그리고 신론, 기독론, 성령론, 교회론, 구원론, 종말론 등을 줄줄이 꿰기도 했다. 어떤 면에서는 성경 공부보다 교리 공부에 더 힘을 쏟은 시절도 있었다.

그러나 한 가지 뚜렷한 문제가 드러났다. 교리는 잘 알지만, 실제 일상생활 속에서의 행위가 뒤따르지 않는 일이 많았다. 즉, 지식은 풍부한데 실천이 부족한 '반쪽짜리 믿음'이 나타난 것이다.

오늘날은 교리도, 행함도 없거나, 자신의 방식대로 신앙생활을 하는 사람들이 많아진 시대일지도 모른다. 그러나 우리는 야고보 사도가 강조한 말씀을 결코 외면해서는 안 된다. 그는 야고보서 2:17~26절에서 이렇게 말한다.

> 이와 같이 행함이 없는 믿음은 그 자체가 죽은 것이라. 어떤 사람은 말하기를 너는 믿음이 있고 나는 행함이 있으니 행함이 없는 네 믿음을 내게 보이라. 나는 행함으로 내 믿음을 네게 보이리라 하리라. 네가 하나님은 한 분이신 줄을 믿느냐 잘하는도다. 귀신들도 믿고 떠느니라(약 2:17~19).

> 아아 허탄한 사람아, 행함이 없는 믿음이 헛것인 줄을 알고자 하느냐? 우리 조상 아브라함이 그 아들 이삭을 제단에 바칠 때에 행함으로 의롭다 하심을 받은 것이 아니냐? 네가 보거니와 믿음이 그의 행함과 함께 일하고 행함으로 믿음이 온전하게 되었느니라. 이에 성경에 이른 바 아브라함이 하나님을 믿으니 이것을 의로 여기셨다는 말씀이 이루어졌고 그는 하나님의 벗이라 칭함을 받았나니 이로 보건대 사람이 행함으로 의롭다 하심을 받고 믿음으로만은 아니니라. 또 이와 같이 기생 라합이 사자들을 접대하여 다른 길로 나가게 할 때에 행함으로 의롭다 하심을 받은 것이 아니냐? 영혼 없는 몸이 죽은 것 같이 행함이 없는 믿음은 죽은 것이니라(약 2:20~26).

이 말씀에서 가장 많이 사용하고 있는 말은 "행함이 없는 믿음"이다. "행함이 없는 믿음은 그 자체로 죽은 것이다." "행함이 없는 네 믿음을 내게 보이라." "행함이 없는 믿음이 헛것인 줄을 알고자 하느냐?" "행함이 없는 믿음은 죽은 것이니라."

하나님과 예수님을 믿는다고 하지만, 그 믿음의 속살을 들여다보면 천차만별이다. 어떤 사람은 하나님을 믿지만 예수님을 하나님의 아들로 믿지 않거나, 예수님을 믿지만 눈에 보이지 않는 하나님은 안 믿는다. 또 예수님을 선지자로 믿지만, 구원자로는 믿지 않는 사람도 있다. 믿기는 하지만 부분적이거나 적당히 믿는 사람, 형식적이거나 일시적으로 믿는 사람도 있다. 혹은 반쪽만 믿는 사람도 있다. 예를 들어, 예수님의 십자가의 죽으심은 믿지만, 사흘 만에 다시 부활하신 사실이나, 하나님의 보좌 우편으로 승천하신 사실이나, 다시 이 세상에 재림하신다는 사실은 믿지 않는다.

야고보서 2:17~26에서 말하는 바도 이와 같다. 하나님과 예수님을 믿는다고 말은 하지만, 행함이 없다. 이런 믿음은 반쪽 믿음이고, 온전한 믿음이 아니다. 야고보는 이러한 믿음을 가리켜 단호하게 "죽은 믿음"이라고 말한다.

어떤 것이 행함이 없는 믿음인가?

행함이 없는 믿음이란 무엇인가? 첫째는 말로만 믿음을 고백하고 행동으로 나타나지 않는 믿음이다. 야고보서 2:17은 "이와 같이"라고 말하는데, 여기서 '이와 같이'는 야고보서 2:14~16의 말씀을 가리킨다.

> 내 형제들아, 만일 사람이 믿음이 있노라 하고 행함이 없으면 무슨 유익이 있으리요 그 믿음이 능히 자기를 구원하겠느냐? 만일 형제나 자매가 헐벗고 일용할 양식이 없는데 너희 중에 누구든지 그에게 이르되 평안히 가라, 덥게 하라, 배부르게 하라 하며 그 몸에 쓸 것을 주지 아니하면 무슨 유익이 있으리요?

이 말씀에서 '형제나 자매가 헐벗고 일용할 양식이 없는데 평안히 가라, 덥게 하라, 배부르게 하라'라고 말만 하고 그가 필요로 하는 것을 주지 않는 것, 즉 말만 하고 행동하지 않는 것을 가리켜 행함이 없는 믿음이라고 말한다.

말만 하고 행동으로 도와주지 않는 믿음은 자신에게도, 또 상대방에게도 '아무런 도움이 되지 않는다.' "행함이 없으면 무슨 유익이 있으리요"라고 말씀하신 그대로이다. 믿음에도, 심지어 자신의 구원에도 아무 유익이 없다.

> 그 믿음이 능히 자기를 구원하겠느냐?

우리의 믿음과 구원에 유익을 주는 믿음은 행함이 뒷받침되는 믿음이다. 말과 행동이 일치하고, 행동으로 도움을 주며, 긍휼히 여기는 믿음이어야 하나님의 심판에서 벗어나며, 자신을 구원한다. 그리고 타인에게도 유익과 도움이 된다.

둘째, 행함이 없는 믿음이란, 단지 아는 것으로 끝나는 믿음이다. 진리를 알지만, 그 진리를 삶으로 실천하지 않는 것이다. 야고보는 아는 것으로 끝나고 행함이 없는 것이 어떤 것인지 사례를 들어 말한다.

> 네가 하나님은 한 분이신 줄을 믿느냐? 잘하는도다. 귀신들도 믿고 떠느니라.

생각해 보라. 귀신들은 하나님이 한 분이시고 그분이 얼마나 무서운 분이신지, 그분의 권능을 알고 있다. 심지어

두려워 떨기까지 한다. 그러나 귀신들은 하나님을 경외하지 않는다. 한 분 하나님임을 알지만, 하나님께 감사와 존귀를 올리지 않는다. 하나님 때문에 두려워 떨지만, 하나님을 경외의 마음으로 바라보며 찬양과 경배를 올리지 않는다. 알지만 모든 영광을 하나님께 돌리지 않는다.

이상하지 않은가? 귀신은 하나님에 대해 많이 알고 있으며, 하나님이 한 분이심도 알고 있다. 우리는 "삼위 하나님이 한 분이시라"는 것을 온전히 이해하지 못해서 쩔쩔매는데 귀신들은 아무런 의심 없이 하나님이 한 분이심을 안다. 또 귀신들은 하나님을 두려워하며, 떨고 하나님 앞에서 숨조차 제대로 쉬지 못한다.

그러나 귀신들은 하나님을 진정으로 자신의 하나님으로 받아들이지 않는다. 두려우신 하나님의 뜻을 이루기 위해 순종하지도 않고, 하나님께 영광을 돌리지도 않는다. 이런 믿음은 진정한 믿음이 아니다.

예수님과 귀신들 사이에 무슨 일이 있었는지 생각해 보라. 마가복음 5:1~20을 보면, 무덤 사이에 군대 귀신 들린 사람이 있었는데, 그 귀신들은 매우 강력했다.

> 아무도 그를 쇠사슬로도 맬 수 없게 되었으니 이는 여러 번

고랑과 쇠사슬에 매였어도 쇠사슬을 끊고 고랑을 깨뜨렸음이러라. 그리하여 아무도 그를 제어할 힘이 없는지라(막 5:3~4).

이런 강력한 군대 귀신조차 예수님을 보자 큰 소리를 지르며 "지극히 높으신 하나님의 아들 예수여, 나와 당신이 무슨 상관이 있나이까? 원하건대 하나님 앞에 맹세하고 나를 괴롭히지 마옵소서."(막 5:7)라고 외쳤다.

마가복음 5:7 말씀을 가만히 들여다보면 매우 이상하다. 이 군대 귀신은 힘이 세어 고랑과 쇠사슬도 부술 정도였지만, 예수님을 두려워하며 달려와 예수님 앞에 엎드렸다. 그러나 이 엎드림은 경배가 아니다. 또 예수님을 가리켜 '지극히 높으신 하나님의 아들 예수여'라고 부르짖었지만, 이것 역시 예수님을 높이는 찬양이 아니다. 사람들은 예수님의 가르침과 설교를 듣고도 그분이 하나님의 아들이심을 잘 모르는데, 무덤 사이에 있던 귀신은 이를 알고 있었다. 예수님이 하나님의 아들이라는 것과 하나님이 지극히 높으신 분이라는 것을 알고 있었다.

그러나 귀신들은 거기까지였다. 아는 것이 경외의 마음으로, 경배로 이어지지 않았다. 하나님과 예수님을 자신과 친밀한 관계로 받아들이는 행동으로 나타나지 않았다. 오히려 "나와 당신이 무슨 상관이 있나이까?"라고 말하며, 예수님과 자신 사이에 분명한 선을 그었다. 아무 상관 없는 관계임을 행동으로 표현한 것이다. 또한 "나를 괴롭히지 마옵소서"라고 외치며 예수님이 자신들을 괴롭힌다고 생각했다.

바로 이것이다. 귀신들은 하나님이 한 분이신 것을 알고 있다. 자신들과 비교할 수 없을 만큼 지극히 높으신 분이라는 사실도 안다. 그러나 귀신의 지식은 단지 지식으로 끝난다. '나와 무슨 상관이 있나이까?'라고 선을 긋고, '나를 괴롭게 하지 말라'고 외칠 뿐이다.

여기서 우리가 주목해야 할 요점은 이것이다. 하나님과 예수님을 안다고 해서 그것이 반드시 진정한 믿음으로 이어지는 것은 아니라는 점이다. 하나님과 예수님을 경외하고 경배하며, 자기 삶과 미래, 운명을 하나님과 예수님에게 전적으로 맡기는 믿음의 행위로 나타나지 않을 수 있다. 귀신들이 바로 그런 경우다.

따라서 우리 자신을 돌아봐야 한다. 말만 하는 믿음 생활을 하고 있지는 않은가? 하나님과 예수님을 알고, 성경 내용을 아는 것을 믿음으로 착각하고 있지는 않은가? 자신을 성찰해야 한다. 이런 믿음은 진정한 믿음이 아니기 때문이다. 행함으로 이어지지 않는 믿음은 죽은 믿음이다.

그러나 진정한 믿음은 행함으로 자연스럽게 연결된다. 진정한 믿음은 아는 것이 경외함과 경배로 이어진다. 찬양과 감사와 높임으로, 그리고 존귀와 영광을 돌림으로 이어진다.

왜 행함이 없는 믿음은 죽은 믿음인가?

행함이 없는 믿음이 죽은 믿음인 이유는 매우 간단하다. 첫째, 행함이 없으면 아무 일도 일어나지 않는다. 행함이 없다는 것은 아무것도 하지 않는다는 뜻이다. 아무것도 하지 않으면 아무 일도 일어나지 않는다. 다시 말해, 어떠한 '활동도 없다'는 것은 곧 '생명이 없다'는 의미다. 그래서 행함이 없는 믿음은 죽은 믿음이다.

둘째, 행함이 없는 믿음은 어떤 유익도 없다. 말로만 긍휼히 여기고, 말로만 사랑한다고 해도 실제로 도움이 필요한 사람에게는 아무런 변화가 없다. 현실은 그대로이며, 도움도 받지 못하고 유익도 얻지 못한다.

더구나 말로 사랑한다고 하면서 가난한 자를 업신여기

거나 차별하고, 법정으로 끌고 간다면, 그것은 오히려 사랑하지 않는 것보다 못한 결과를 만든다. '아무런 유익이 없다'로 끝나지 않고 오히려 '해를 끼친다.' 이런 사랑과 긍휼과 믿음은 없는 것보다 못하다. 아니, 악하다.

셋째는 행함이 없는 믿음은 하나님의 법을 지키는 것이 아니다. 오히려 하나님의 법을 어기는 것이요, 율법에 어긋난 말과 행위로 인해 범법자가 되어 정죄함을 받는다. 결국, 행함이 없는 믿음은 자신을 온 율법을 범하는 죄인으로 만든다.

> 누구든지 온 율법을 지키다가 그 하나를 범하면 모두 범한 자가 되나니(약 2:10).

행함이 없는 것은 율법을 지키지 않는 것이다. 그러나 행함은 율법의 실천이고 사랑의 실천이다. 행함은 율법을 완성하는 것이다. 지식은 법조문을 아는 것이고 행함은 법조문을 삶에서 실제로 살아내는 것이다. 그래서 행함을 통해 율법의 본래 목적을 완성하는 것이다.

넷째는 행함이 없는 믿음은 자신을 구원하지 못한다. 야고보서 2:14에서 말한다.

내 형제들아, 만일 사람이 믿음이 있노라 하고 행함이 없으면 무슨 유익이 있으리요? 그 믿음이 능히 자기를 구원하겠느냐?

다른 사람을 돕지 못하는 믿음은 자신에게도 유익되지 않는다. 남을 구원할 수 없는 믿음은 자신도 구원할 수 없다. 생각해 보라. 자신을 구원할 수 없는 믿음이 무슨 소용이 있겠는가?

이런 믿음은 야고보서 2:20에서 말씀하는 바처럼 "행함이 없는 믿음이 헛것"이라는 말과 정확히 일치한다.

아무 일도 일어나지 않고, 유익도 없으며, 하나님의 법을 지키지 못하고, 자신도 구원하지 못하는 믿음이라면, 이런 믿음은 헛되고, 죽은 믿음이다.

믿음에 행함이 따라와야 하는 이유는 무엇인가?

믿음에는 반드시 하나님을 아는 지식이 필요하다. 하나님을 아는 지식은 믿음의 깊이와 넓이, 높이를 더해주며, 믿음을 견고하게 하고 성장시킨다. 하나님을 아는 만큼 믿고, 아는 만큼 믿음도 커지고 강해진다. 하나님을 모르는

데 어떻게 하나님을 믿을 수 있는가? 예수님이 어떤 분이시고 무슨 일을 하셨는지 모르는데 예수님을 믿는다는 것은 불가능하다.

무지는 믿음과 상극이다. 믿음은 하나님을 아는 지식과 비례한다. 그러므로 믿음에는 반드시 하나님을 아는 지식이 따라와야 한다.

하지만 하나님을 안다고 해서 그 지식이 반드시 좋은 믿음으로 이어지는 것은 아니다. 머리로만 아는 지식이 마음과 행동으로 나타나지 않으면, 그것은 귀신들의 믿음과 다르지 않다. 하나님과 예수님을 경배하고, 마음과 뜻과 힘과 목숨을 다해 사랑할 때 비로소 그 지식은 살아 있는 지식이 된다.

앎이 실천될 때, 진정으로 아는 것이다. 진리를 실천하는 믿음이 진정한 믿음이다. 그리고 진리를 실천할 때 변화가 일어나고, 하나님의 역사가 나타난다. 알게 된 진리를 실천할 때, 믿음의 열매가 맺힌다. 진리를 믿고 행하는 것, 그것이 믿음의 힘이며 하나님의 나라를 세우는 길이다.

또 믿음이 행함으로 이어질 때 의롭다 함을 받는다.

> 우리 조상 아브라함이 그 아들 이삭을 제단에 바칠 때에 행함으로 의롭다 하심을 받은 것이 아니냐?(약 2:21).

아브라함은 오래전에 이미 하나님을 믿었다. 그러나 그 믿음이 능력으로 나타나고 참된 믿음으로 입증된 것은 그의 사랑하는 독자 이삭을 제단에 바칠 때의 행위였다. 행함을 통해 그의 믿음과 하나님의 관계가 올바르다는 것이 입증되었다.

아브라함은 머릿속으로만 하나님을 믿거나, 생각으로만 하나님은 죽은 자도 살리신다고 여긴 것이 아니다. 그는 말로만 하나님은 없는 것도 있는 것처럼 부르시는 분이라고 한 것이 아니다.

아브라함은 독자 이삭을 제단에 바치면, 하나님께서 죽은 자 가운데서 이삭을 다시 살리셔서 아브라함에게 도로 주시고, 또 이삭을 통해서 하나님의 약속을 이루실 것으로 믿었다. 그는 자신의 믿음을 행동으로 보여주었다. 아브라함의 '믿음은 행동하는 믿음'이었다. 그의 믿음과 행동은 하나님이 자신의 하나님이라는 사실(관계)을 증명했다. 하나님은 아브라함의 이 행위를 보고 하나님과 아브라함의 관계가 올바르다(의롭다)는 것을 확인하셨다.

하나님은 이삭을 죽이지 않게 하시고, 대신에 숫양을 바치게 하셨다. 이렇게 믿음과 믿음의 행위는 의롭다 함, 즉 하나님과 바른 관계에 있다는 것을 선포한다.

무엇보다 야고보서 2:22 말씀이다.

> 내가 보거니와 믿음이 그의 행함과 함께 일하고 행함으로 믿음이 온전하게 되었느니라.

이 말씀에서 '온전하게'는 '완전하게'를 뜻한다. 그리고 '믿음이 행함과 함께 일한다'는 것은 '믿음이 행함으로 작용한다'는 의미이다. 새번역에서는 이를 "믿음이 그의 행함과 함께 작용을 한 것입니다"라고 번역했고, 공동번역에서는 "그의 믿음은 행동과 일치했고"라고 표현했다.

즉, 살아 있는 믿음은 반드시 행함에 영향을 미치며, 행함을 통해 나타나고 연결된다. 즉, 행함은 참된 믿음과 떨어질 수 없다.

산 믿음과 행함은 서로 분리될 수 없으며, 상호작용을 한다. 믿음은 행함으로 나타나고, 행함은 다시 믿음을 강화한다. 만약 행함이 없다면 그 믿음은 진정한 믿음이 아니다. 행함이 없는 믿음을 주장한다면, 그것은 죽은 믿음을 주장하는 것과 같다.

이렇게 믿음과 행함이 서로 연결되고 작용하기 때문에 "행함으로 말미암아 그의 믿음이 온전하게 된다"고 말한다.

예를 들어보자. 어떤 사람이 책을 통해 사랑을 배웠다고 하자. 그렇다면 그 사람은 사랑을 지식으로만 알고 있다. 안타깝게도 사랑을 머리로 아는 것은 절반만 아는 것이다. 사랑을 말로만 하는 것도 역시 절반 정도만 사랑하는 것이다. 온전한 사랑은 지성과 감성과 의지를 다해 행동으로 표현하는 사랑이다.

사랑은 명사가 아니고 '동사'이다. 사랑은 행위이고 행동이다.

믿음도 마찬가지다. 믿음은 명사처럼 정해져 있고 틀에 고정된 그 무엇이 아니다. 믿음은 믿는 대상을 알고 사랑하며, 그 믿는 바대로 행동하는 것이다.

믿음으로 행하는 행위가 그의 믿음의 진위를 증명한다. 살아있는 믿음인지, 아니면 박제되어 화석처럼 굳어 죽은 믿음인지 증명한다.

믿음은 아는 지성과 믿는 바를 좋아하고 사랑하는 감성이 필요하지만, 믿기 때문에 하는 의지적 행동도 필요하다. 사랑할 때 지성과 감성, 의지를 다해 사랑하듯, 믿음도 믿는 바를 따라 자신의 지·정·의를 다해 믿는다. 믿음은 이러한 행함이 수반될 때 온전해진다.

믿음과 행함은 자전거의 바퀴와 같다. 그것이 외발이든 두발이든 중요하지 않다. 자전거가 움직이려면, 믿음을 갖고 자전거에 올라타서 힘껏 페달을 밟아야 한다. 계속 페달을 밟으면 자전거는 안정적으로 움직인다. 그러나 페달을 밟는 행동을 멈추면 자전거는 안전성(온전함)을 잃고 쓰러진다.

이처럼 행함은 믿음을 온전하고 완전하게 만든다. 행함이 따라와야만 믿음은 완성된다. 지식만으로 아는 믿음이나, 느끼는 감성만 가진 믿음은 50% 수준에 불과하다. 여기에 의지적 행함이 더해질 때, 비로소 믿음은 100%로 완성된다.

어떻게 하면 행하는 믿음을 가질 수 있는가?

그렇다면, 우리의 믿음이 죽은 믿음이 되지 않기 위해서는 어떻게 해야 하는가? 방법은 간단하다. 믿음을 따라 행하면 된다. 다시 말해, 하나님과 예수님을 믿기 때문에 하나님의 법과 명령과 말씀대로 살고, 순종하며 사는 것이다. 예수 그리스도의 가르침을 실천하여 행동과 생활로 이어지게 하면 된다.

야고보서 2:6~10에 말씀하신 것처럼, 가난한 자를 업신여기지 않고, 부자를 우대하지 않으며, 사람을 차별하지 않고 동등하게 대하는 것이 바로 행하는 믿음이다. 또한, "네 이웃을 네 몸과 같이 사랑하라"는 말씀처럼 이웃 사랑을 실천하는 것도 '행하는 믿음'이다. "성경에 기록된 대로"하는 것, 하나님이 말씀하신 대로 순종하는 것이 곧 살아 있는 믿음이다.

행함이 없는 죽은 믿음을 가지고 잘 믿는다고 착각하지 마라. 행함이 없는 믿음은 아무 유익도 없고 헛되며, 자기를 구원할 수 없다. 진정으로 믿는 믿음은 반드시 행동하는 믿음이다. 믿기 때문에 순종하고, 믿기 때문에 실천한다. 믿음이 자연스럽게 행동과 생활로 나타날 때, 그 믿음은 살아 있는 믿음이며, 자기 구원을 온전히 이루는 믿음이 된다.

반만 믿지 말고 온전히 믿자.

말만 하지 말고 행동하는 믿음으로 생활하자.

제4부

온전한 믿음, 예수 그리스도

11.
믿음 없는 자가 되지 말고, 믿는 자가 되라

요한복음 20:24~31

부활하신 예수님께서 안식 후 첫날 저녁에 제자들이 모인 곳에 나타나셨다. "너희에게 평강이 있을지어다"라고 축복하시면서 자신의 손과 옆구리를 제자들에게 보여주셨다. 이것은 예수님께서 사망의 권세를 깨고 부활하셨다는 것을 알리는 행위였다.

제자들은 예수님을 알아보고 매우 기뻐했다. 예수님은 제자들과 교제의 시간을 가지면서 "성령을 받으라"라고 성령을 주시고, 또 "아버지께서 나를 보내신 것같이 나도 너희를 보내노라"라고 말씀하시며 제자들을 세상으로 보내셨다.

그러나 모든 제자가 모인 이 영광스러운 자리에 단 한 사람만 빠졌다. 바로 디두모라고 불리는 도마였다. 다른 제자들이 도마에게 "우리가 주를 보았다"라고 흥분된 목소리로 말할 때, 도마는 죽은 예수님이 다시 살아나셨다는 것을 믿지 못했다. 그는 믿는 대신 이렇게 말했다.

> 내가 그의 손에 못 자국을 보며 내 손가락을 그 못 자국에 넣으며 내 손을 그의 옆구리에 넣어 보지 않고는 믿지 아니하겠노라(요 20:25).

왜 사람들은 믿는 것이 어려운가?

세상에서 일어나는 일이나 현상, 그리고 하나님과 예수님과 같은 영적인 영역에 이르기까지, 사람들은 믿음을 가지는 데 어려움을 겪는 경우가 있다. 믿는 것이 어떤 사람에게는 매우 자연스러울 수 있지만, 어떤 사람에게는 쉽지 않을 수도 있다.

이해가 안 되어서

첫째 이유는 이해가 되지 않아서 믿기 어려워한다. 대체로 믿음을 갖는 데 어려움을 느끼는 사람은 자신의 '사고 범주', 즉 이해할 수 있는 범주 안에서는 쉽게 이해하고 믿지만, 그 범위를 벗어나면 이해하는 것도, 믿는 것도 어려워한다.

경험 밖의 일이라서

둘째 이유는 자신이 경험해 보지 못한 일은 믿기 어려워한다. 눈으로 보고, 손으로 만지고, 냄새 맡고, 맛을 보는 것뿐만 아니라 온몸으로 경험해 보지 않은 일은 믿기 힘들어한다. 부활하신 예수님을 믿지 못한 도마가 바로 이 경우에 해당한다.

그는 다른 제자들이 부활의 주님을 만나고, 또 주님의 손과 옆구리를 직접 확인했을 때, 도마는 그 자리에 없었다. 그는 자신이 직접 부활의 주님을 보지도, 경험하지 못했기 때문에 이렇게 말할 수밖에 없었다.

> 내가 그의 손의 못 자국을 보며 내 손가락을 그 못 자국에 넣으며 내 손을 그 옆구리에 넣어 보지 않고는 믿지 아니하겠노라.

이 구절에서 '보며', '넣으며', '넣어 보지 않고는'이라는 표현에서 알 수 있듯이 도마는 반드시 직접 경험해야만 믿겠다고 말한다. 이처럼, 자신의 경험에 기반한 것만 믿으려는 사람들이 있다.

그러나 안타깝게도 우리는 시공간에 제한받는 존재이다. 특정한 시간과 장소에만 존재할 수 있다. 이것들 밖으로 나갈 수 없고, 이것을 초월해서 살 수도 없다. 지금, 이 자리에 있으면 다른 곳에는 있을 수 없다. 과거와 현재를 자유롭게 오갈 수 없으며, 동일한 시간에 여러 장소에 있을 수도 없다. 우리는 매우 한정적인 존재이고, 또 우리의 경험도 매우 제한적이다.

더욱이 우리는 세상의 모든 것을 다 경험해 볼 수도 없고, 세상의 모든 곳을 한순간에 다 가볼 수도 없다. 따라서 우리는 세상에서 일어나는 일들을, 그것이 우리의 오감으로 경험할 수 있는 일이든, 아니면 영적이고 신비로운 일이든 모두 경험할 수 없다.

만일 이 모든 것을 경험하고 아는 자가 있다면 그는 하나님일 것이다. 안타깝게도 우리는 하나님이 아니다. 모든 것을 초월해 있기도 하고 모든 것 속에 내재할 수 있는 하나님이 아니다. 모든 것을 아는 하나님이 아니다. 그런데도 우리는 자신이 경험한 것은 믿고, 경험하지 않은 것은 믿지 않으려 한다.

지식이 부족해서

셋째 이유는 지식이나 이해가 부족하여 믿기 어려워하는 경우이다. 알면 믿기가 쉽지만, 모르면 믿기가 어렵다. 때에 따라서는 아예 믿지 못할 수도 있다.

예를 들어, 낫을 놓고 'ㄱ'이라는 글자가 이렇게 생겼다거나, 빨래집게를 놓고 영어 'A'라는 글자가 이렇게 생겼다고 설명하면 쉽게 이해하고 믿을 수 있다. 그런데 낫이나 빨래집게의 형태를 모르면 'ㄱ'이나 'A'라는 글자를 이해하기 어렵다.

마찬가지로 하나님과 예수님, 그리고 죽은 자가 다시 살아난다는 부활에 대한 지식이 있으면, 믿음은 한층 자연스러워진다. 성경에 대한 지식과 이해가 많으면 하나님과 예수님을 믿고 부활을 신뢰하는 일이 훨씬 더 쉬워진다.

과학을 절대 신뢰해서

넷째 이유는 지나치게 과학적 사고에 매여 있거나 과학만능주의에 빠져 있을 때, 신비로운 일들을 믿는 것이 어렵다. 즉, 논리적으로 증명할 수 있는 것만 믿는 사람은, 논리적이지 않거나 증명되지 않는 것은 받아들이기 힘들어한다. 자신의 사고 범주 밖의 것에 대해 믿기 어려워한다.

그러나 논리적으로, 혹은 과학적으로 증명되지 않는다고 해서 그것이 존재하지 않거나 사실이 아니라고 단정할 수는 없다. 단지 본인이 받아들이지 못한다고 해서 거짓이라고 말할 수 없는 것이다.

예를 들면, 오병이어로 오천 명을 먹이신 일을 과학적으로 설명할 수 있는가? 예수님께서 물 위를 걸으신 일을 논리적으로 설명할 수 있는가? 예수님께서 죽은 자 가운데서 다시 살아나신 부활 또한 과학적으로 증명하거나 설명할 방법이 없다. 그렇다고 해서 그것이 일어나지 않은 일이거나 거짓이라고 단정할 수는 없다. 본인이 믿을 수 없다고 해서 예수님의 부활을 부인하고 일어날 수 없는 일이라고 단정 짓는다면 그것은 어리석은 일이다.

우리가 사는 세상과 우주에는 우리가 모르는 일들이 너무 많다. 논리적으로 설명할 수 없고 과학적으로 증명할 수 없는 일들이 수두룩하다. 사실 과학적으로 모든 것을 밝힐 수 있는 것도 아니다.

따라서 과학적으로 증명되지 않았다고 해서 '없다'거나 '거짓'이라고 단정하는 것은 올바르지 않다.

설명할 수 없고 입증할 수 없는 신비로운 일 중 하나가 바로 예수님께서 사흘 만에 죽은 자 가운데서 다시 살아나신 부활이다. 예수님의 제자들과 수많은 그리스도인은, 예수님과 부활을 직접 보지 못했음에도 믿었다. 지금도 많은 그리스도인이 논리적 설명이나 과학적 증명이 어렵더라도 부활을 믿고 있다. 눈에 보이는 것이 전부가 아님을 우리는 기억해야 한다. 히브리서 11:1~3 말씀이다.

> 믿음은 바라는 것들의 실상이요 보이지 않는 것들의 증거니 선진들이 이로써 증거를 얻었느니라. 믿음으로 모든 세계가 하나님의 말씀으로 지어진 줄을 우리가 아나니 보이는 것은 나타난 것으로 말미암아 된 것이 아니니라.

과학만능주의에 사로잡힌 사람은 "모든 세계가 하나님의 말씀으로 지어진 줄"을 받아들이고 인정하기 힘들 것이다. 그리고 이것을 알기도 어려울 것이다. 그들은 눈으로 보고, 과학적 가설과 증명을 통해 입증될 때 비로소 믿기 때문이다.

그런데 히브리서 11:3 말씀에서 "보이는 것은 나타난 것으로 말미암아 된 것이 아니라"고 했다. 여기서 '보이는 것'은 "우리가 감각적으로 인식할 수 있는 물질, 자연 세계, 우주 만물이다.

그러면 '보이지 않는 것'은 무엇인가? "모든 세계가 하나님의 말씀으로 지어진 줄 우리가 아나니"라는 말씀에서 보듯이 보이지 않는 하나님과 하나님의 말씀, 곧 하나님의 능력과 뜻, 의지를 말한다.

눈으로 보이는 것은 눈으로 볼 수 있고 만질 수 있는 어떤 실체, 즉 드러난 실체로 존재하게 된 것이 아니라는 말씀이다. 쉽게 말하면 눈으로 볼 수 없는 하나님과 그분의 능력의 말씀으로 말미암아 나타나게 되었다는 말씀이다.

세상에 존재하는 우주 만물은 보이지 않는 하나님과 하나님의 창조 능력과 말씀에 의해서 '나타난 것'(헬. phainomenōn), 즉 존재하게 되었다.

그런데 우리는 이 사실을 과학적으로 증명할 수 없다. 오직 믿음으로만 이해할 수 있다. "믿음으로… 우리가 아나니"라는 표현이 그것을 말해 준다. 그렇다. 모든 세계가 하나님의 말씀으로 지어졌다는 것을 아는 방법은 믿음이다. '믿음으로 안다.'

고린도후서 4:18 말씀은 또 다른 종류의 보이지 않는 것을 말씀한다.

> 우리가 주목하는 것은 보이는 것이 아니요 보이지 않는 것

이니 보이는 것은 잠깐이요 보이지 않는 것은 영원함이라.

사도 바울을 포함하여 많은 그리스도인이 아주 깊이 들여다보고, 집중해서 보는 것이 있다. 바로 "보이지 않는 것, 영원한 것"이다. 이것은 '영원한 영광'이다.

> 우리가 잠시 받는 환난의 경한 것이 지극히 크고 영원한 영광의 중한 것을 우리에게 이루게 함이니

잠시 받는 환난은 우리가 실제로 경험할 수 있는 것이다. 그러나 지극히 크고 영원한 영광은 훨씬 더 중요한 것임에도 불구하고, 눈에 보이지 않는다. 지금 당장 경험할 수도 없고, 과학적으로 증명할 수도 없다. 그럼에도 성경은 그리스도인들이 눈에 보이지도 않는 이 영광을 바라보며 주목한다고 말한다.

고린도후서 5:1 이하의 말씀을 보면, 이 영광이 구체적으로 무엇을 의미하는지 설명한다. 바로 '영원한 집'이다.

> (왜냐하면) 만일 땅에 있는 우리의 장막 집이 무너지면 하나님께서 지으신 집 곧 손으로 지은 것이 아니요 하늘에 있는

영원한 집이 우리에게 있는 줄 아느니라. 참으로 우리가 여기 있어 탄식하며 하늘로부터 오는 우리 처소로 덧입기를 간절히 사모하노라(고후 5:1~2).

하늘에 있는 영원한 집은 바로 우리가 부활할 때 입게 될 신령한 몸, 영광스러운 몸, 썩지 아니할 몸, 강한 몸, 우리 주 예수 그리스도가 부활하신 그 부활체와 같은 몸이다. 우리는 이 몸을 덧입기를 간절히 사모한다. 그래서 사도 바울은 눈에 보이지 않지만, 그것을 주목하고 주의 깊게 관찰하고 또 거기에 집중하며 산다고 말했다.

그렇다면 생각해 보라. 눈에 보이지 않는 이 영광스러운 몸, 신령한 몸을 과학적으로 증명할 수 있는가? 불가능하다. 보이지 않는 것을 과학적으로 입증하고 증명하려고 하는 것 자체가 과학의 영역을 벗어난 일이다. 이런 일은 종교적으로 접근해야 한다. 오직 믿음으로 받아들여야 이해할 수 있는 영역이다.

마음이 완악해서

마지막으로, 사람들이 믿음을 갖기 어려워하는 이유는 바로 마음의 완악함 때문이다. 믿음은 본질적으로 마음의 문제이다. 마음이 부드러운 사람, 즉 어떤 일이나 말, 혹은 지식에 대해 마음을 활짝 열고 듣거나 받아들이는 사람은 쉽게 믿는다.

그러나 마음을 닫아버린 사람, 마음이 완악해서 돌처럼 단단한 사람은 믿는 것에 어려움을 겪는다(막 16:14). 자기 마음이 닫혀 있고, 굳어 있어서 자신이 이미 알고 있고 받아들인 것 외에 새로운 것을 받아들이려고 하지 않는다.

이준익 감독의 영화 [자산어보]에서 정약전(설경구 분)이 자신의 제자 창대를 바라보며 "주자는 참 힘이 세구나"라고 말하는 장면이 나온다. 이 대사는 단순한 감탄이 아니다. 정약전은 창대가 성리학을 공부하여 출세하려는 마음을 품고 있음을 알고 있었기 때문이다.

조선시대, 특히 정조 시대의 조선은 주자(朱子)의 나라였다. 당시 조선 사회를 지배한 학문은 성리학, 그중에서도 주자학이었다. 성균관과 향교에서는 주자학을 중심으로 한 경전 교육을 실시했고, 국가 관리를 선발하는 과거 시험 역시 주자학 경전의 이해와 적용 능력을 평가하는 제도였다. 조선이 주자학을 강조한 이유는 유교적 도덕 원칙을 바탕으로 왕권을 강화하고, 사회 질서를 유지하기 위해서였다.

그러나 주자학의 바탕에는 평등보다는 계급화가 전제되어 있었다. 임금과 신하, 양반과 상민, 사회적 위치에 따른 철저한 계급 구분이 학문과 정치 구조 속에 녹아 있었다. 출세는 곧 계급 상승을 의미했다. 상민이 양반으로, 서자가 지배 계급에 들어가는 것이 곧 성공이었다. 이런 맥락에서 정약전이 창대에게 "주자는 참 힘이 세구나"라고 말한 것은, 단순한 학문적 존경이 아니라, 성리학이라는 학문이 사람의 출세와 사회적 지위까지 좌우할 만큼 강력한 힘을 가지고 있음을 의미한 것이었다.

당시 정조는 서양 학문과 천주교, 실학사상을 받아들이려 노력했지만, 사대부들은 성리학에 매몰되어 새로운 사상을 배척했다. 그 결과, 정조의 아들 순조가 즉위한 후 1801년 신유박해가 일어나 많은 천주교 신자가 처형되거나 유배되었다. 정약전도 흑산도로 유배되었다.

이 역사적 사건과 영화를 통해 우리는 오늘날 신앙생활에서도 교훈을 얻을 수 있다. 우리는 종종 자신이 알고 배우고 경험한 것이 전부라고 생각하며, 새로운 진리나 하나님과 예수님의 말씀을 받아들이는 데 마음을 닫을 때가 있다. 그러나 정약전처럼 열린 마음으로 세상을 바라보고, 성경에 기록된 하나님과 그분의 일들을 수용할 때 비로소 참된 이해와 믿음에 이를 수 있다.

당신은 지금 어떤가? 자신이 알고 배운 것이 전부라고 여기는 사람인가, 아니면 마음을 활짝 열고 하나님과 예수 그리스도를 믿는 사람인가? 혹시 믿기 어렵다면, 무엇이 믿기 어렵게 만드는가? 바람직한 신앙은 자신의 고정관념을 내려놓고, 열린 마음으로 하나님과 예수 그리스도를 받아들이는 데서 시작된다.

믿음 없는 자가 되지 말고, 믿는 자가 되라

예수님은 우리가 가진 한계 때문에 믿음을 갖는 데 어려움을 겪는다는 것을 잘 아신다. 부활하신 예수님을 제일 처음 목격한 막달라 마리아가 제자들에게 예수님의 부활 소식을 전했을 때 제자들은 쉽게 믿지 못했다. 시골로 내려가던 두 제자가 부활하신 예수님을 만났다는 소식을 다른 제자들에게 전했을 때도 제자들은 '역시 믿지 않았다'(막 16:9~13). 심지어 수제자였던 베드로조차 반신반의했다.

예수님은 이런 제자들에게 나타나 그들의 믿음 없음을 꾸짖으셨다.

그들의 믿음 없는 것과 마음이 완악한 것을 꾸짖으시니 이는 자기가 살아난 것을 본 자들의 말을 믿지 아니함 일러라 (막 16:14).

특히 도마에게는 한마디 더, "믿음 없는 자가 되지 말고, 믿는 자가 되라"라고 말씀하셨다. 이 말씀은 도마만을 위한 것이 아니다. 우리 모두에게 해당하는 요구이기도 하다. 결국 우리는 믿음 없는 자가 되지 않고, 믿는 자가 되어야 한다.

그렇다면 어떻게 하면 믿는 자가 될 수 있을까?

성령의 역사

믿는 자가 되기 위해서는 먼저 성령의 역사가 필요하다. 믿음은 인간의 노력으로 생기는 것이 아니라, 하나님의 선물이다. 성령은 계시의 영으로서, 감추어진 하나님의 비밀을 드러내고, 우리의 인식의 창을 열어주신다. 성령께서 진리의 빛을 비추어 조명해 주실 때, 우리는 그것을 알고 이해하며 믿게 된다.

성령의 역사가 없으면 듣기는 들어도 듣지 못하고, 보기는 보아도 진리를 보지 못하며 깨닫지도 못한다. 그러나 하나님께서 은혜를 베푸시고, 성령이 역사하실 때, 우리는 비로소 이해하고 깨달으며 믿게 된다.

즉, 하나님께서 이루시는 큰일과 그분의 섭리를 믿기 위해서는 삼위일체 하나님의 선행적 은혜가 필요하다. 믿음은 우리의 능력으로 만드는 것이 아니라, 하나님께서 주시는 깨달음과 성령의 역사로 믿게 된다.

그리스도의 말씀을 들음

둘째로, 믿음은 그리스도의 말씀을 들음으로 생긴다.

> 그러므로 믿음은 들음에서 나며 들음은 그리스도의 말씀으로 말미암았느니라(롬 10:17).

그리스도의 말씀을 들을 때 성령의 역사가 일어나고, 그때 우리는 깨닫고 이해하며 믿게 된다. 우리가 그리스도의 말씀을 들어야 하는 이유는 예수 그리스도를 믿는 믿음을 갖기 위함이다. 원리는 단순하다. "사람은 자주 듣는 것을 믿게 된다." 예수 그리스도의 말씀을 들어야 예수님을 믿는 믿음이 생긴다. 이는 세상에서 우리가 흔히 경험하는 현상과도 비슷하다.

예를 들어, 비트코인에 관한 정보를 계속 듣거나, 주식에 관한 이야기를 반복해서 들으면, 그 분야에 대한 믿음이나 신념이 생기듯이, 사람의 마음은 반복되는 정보와 경험을 통해 형성된다. 유튜브 알고리즘을 생각해 보자. 사용자가 특정 자료를 검색하면, 인공지능은 이를 분석하여 관련된 영상들을 추천한다. 처음에는 우연히 보게 된 '가짜 뉴스'도 반복해서 시청하면, 사람은 자신도 모르게 그 내용을 믿게 된다.

마찬가지로, 우리가 성경을 배우고 하나님의 말씀을 잘 풀어주는 설교나 강의를 들으면, 다시 말해, 그리스도의 말씀을 들으면, 그리스도 예수에 대한 믿음이 생긴다. 그래서 그리스도의 말씀을 듣는 것이 매우 중요하다. 우리가 매주 교회에 와서 예배를 드리는 이유도 그리스도의 말씀을 듣고 그리스도에 관한 믿음을 갖기 위해서다.

그리스도의 말씀이 아닌 다른 것을 들으면 다른 믿음이 생긴다. 교회를 비판하는 소리를 계속 들으면 교회를 불신하는 믿음이 생긴다. 그러나 예수 그리스도의 말씀과 하나님의 말씀을 들으면, 하나님과 예수님을 믿게 되고, 그 믿음으로 구원을 얻게 된다.

열린 마음으로 들음

셋째, 그리스도의 말씀을 들을 때는 마음을 열고 겸손한 자세로 들어야 한다. 성경을 보면 마음이 완악하거나 믿음이 없는 사람들이 자주 등장한다. 이들의 공통점은 하나님의 말씀을 들을 때 마음을 닫고 듣지 않거나, 들으면서도 흘려듣는다는 점이다. 돌처럼 굳거나 돌밭처럼 메마른 마음은 '완악한 마음'이라고 한다. 이런 사람의 마음 밭에 하나님의 말씀이 씨앗처럼 떨어져도, 싹을 틔우거나 뿌리를 내리지 못한다. 그래서 믿음이 생기거나 자랄 수 없다.

그러므로 우리는 믿음을 갖기 위해 마음을 열고 말씀을 들어야 한다. 온유하고 겸손한 태도로 "말씀만 하옵소서. 제가 듣겠습니다." 하는 마음으로 말씀 앞에 서야 한다. 그렇게 할 때 비로소 말씀의 씨앗이 우리의 마음에 뿌리를 내리고, 믿음이 자라게 된다.

순종으로 온전하게 됨

넷째, 말씀을 들었다면 그다음은 순종이 따라와야 한다. 들은 말씀에 순종하지 않는다면, 그 믿음은 죽은 믿음이다. 그러나 들은 말씀을 순종하면, 그 믿음은 더욱 견고해지고 튼튼한 믿음으로 성장한다. 우리는 믿는 바를 실천할 때 믿는 대로 되는 것을 경험하게 된다. 이러한 경험은 우리가 믿는 내용이 사실이며 진리임을 확신하게 하고, 믿음을 더욱 굳세게 만든다. 결국 믿음은 순종과 행함을 통해 온전하게 된다.

배움에도 머리로 배우는 것과 몸으로 배우는 것이 있다. 학문은 주로 머리로 배우지만, 운동이나 도자기를 만드는 기술은 몸으로 배운다. 처음에는 원리를 이해하고 지식을 쌓지만, 몸으로 익힌다. 실수와 실패를 반복하지만, 다시 시도하고 더 잘하기 위해 노력하면서 능숙해진다. 그래서 '학습'(學習), 즉 '배우고 익히는' 과정이 필요하다.

자전거를 타는 것을 배운다고 생각해 보자. 처음에는 자전거를 타는 법을 몸으로 익히는 과정에서 넘어지기도 하고, 자빠지기도 하며, 제대로 멈추지 못해 앞에 있는 것을 들이받기도 한다. 그렇게 성공과 실패를 반복하며 마침내 자전거 타는 법을 몸으로 익혀 자유롭게 타게 된다.

믿음도 이와 같다. 머리로 아는 것이 믿음의 전부는 아니다. 믿음도 몸으로 익히는 순종이 따라와야 한다. 하나님께서 말씀하신 것을 실제 삶에서 믿음으로 살아보는 순종이 동반되어야 한다.

믿음으로 살다 보면 성공할 수도 있고 실패할 수도 있

다. 그럼에도 계속해서 믿음으로 살아갈 때, 점차 익숙해지고 단단해진다. 믿음의 순종과 행동이 반복되면서 "아, 믿음대로 되는구나!" 하는 경험을 하게 되고, 또 믿는 바에 대한 확신이 깊어지게 된다. 그렇게 믿음이 온전하게 된다. 머릿속에만 있는 믿음이 아니라, 실제 삶 속에서 행동으로 드러나는 살아 있는 믿음이 되는 것이다.

> 믿음으로 믿음에 이르게 하나니 기록된 바 오직 의인은 믿음으로 말미암아 살리라 함과 같으니라(롬 1:17).

믿음은 "믿음으로 믿음에 이르게 한다." 그리고 순종을 통해 온전해진다. 그리스도인은 믿음으로 살아가는 사람이다.

기도가 필요함

지금까지 말한 네 가지를 다 했음에도 여전히 믿음이 생기지 않을 때가 있다. 그럴 때는 하나님께 기도해야 한다.

"하나님, 제가 믿음이 없습니다. 하나님과 예수님을 온전히 믿을 수 있도록 도와주세요. 삼위일체 하나님께서 하신 일들을 전적으로 믿을 수 있게 해 주세요."

마가복음 9:21 이하의 말씀을 보면, 예수님께서 변화산에 올라갔을 때, 산 아래서는 귀신 들린 아이로 인해 제자들이 쩔쩔매고 있었다. 아이를 고치지 못했기 때문이다. 서기관과 사람들은 그런 제자들을 비웃고 조롱했다.

예수님께서 산에서 내려오셔서 상황을 아시고, 귀신 들린 아이의 아버지에게 "언제부터 이렇게 되었느냐"고 물으셨다.

아버지는 어릴 때부터라고 대답하며 "무엇을 할 수 있거든 우리를 불쌍히 여기사 도와주십시오"라고 말했다.

예수님은 "할 수 있거든이 무슨 말이냐? 믿는 자에게는 능히 하지 못할 일이 없느니라" 하고 꾸짖었다.

아버지는 곧바로 "내가 믿나이다. 나의 믿음 없는 것을 도와주소서"라고 말했다.

예수님은 이 아버지의 믿음 없는 것을 도와주셨을 뿐만 아니라 아이에게서 귀신을 쫓아내 주셨다. 이처럼 믿음이 부족할 때 우리도 이 아버지처럼 하나님께 도와달라고 기도해야 한다.

예수님은 기도에 대해 이렇게 가르치셨다.

구하라. 그리하면 너희에게 주실 것이요 찾으라. 그리하면 찾아낼 것이요 문을 두드리라. 그리하면 너희에게 열릴 것이니 구하는 이마다 받을 것이요 찾는 이는 찾아낼 것이요 두드리는 이에게는 열릴 것이니라(마 7:7~8)

또한 요한복음 16:24 말씀에서는 "지금까지는 너희가 내 이름으로 아무것도 구하지 아니하였으나 구하라. 그리하면 받으리니 너희 기쁨이 충만하리라"라고 말씀하셨다.

이 외에도 "기도하면 주신다"는 하나님의 약속은 성경에 매우 많이 나온다. 삼위 하나님은 우리가 기도하면 주시려고 항상 준비하고 계신다.

그러므로 믿음이 없을 때는 기도해야 한다. 우리가 진실한 마음으로 기도하면, 예수님과 성령님의 도우심으로 마침내 성경에 기록된 모든 것이 믿어지는 믿음을 갖게 될 것이다.

12.
하나님이 마련하신 구원의 방도를 붙잡으라

요한복음 3:14~21

자주 듣는 말 중 하나가 "할 수 있다", "노력하면 된다"이다. 실제로 이 말을 증명한 역사적 사례는 많다. 토머스 에디슨은 수천 번의 실패 끝에 전구를 발명했고, 에이브러햄 링컨은 선거에서 수차례 낙선했지만 결국 미국의 16대 대통령이 되었다. 이들은 모두 집념과 끊임없는 노력이 가져온 성과를 증명한 사람들이다.

월마 루돌프(Wilma Rudolph)는 1940년 미국 테네시주 클락스빌에서 태어났다. 미숙아로 태어난 그녀는 어린 시절 폐렴과 여러 가지 질병에 시달렸다. 특히 소아마비로 인해 왼쪽 다리가 마비되어 보조기를 착용해야 했다. 의사는 그녀가 "평생 걷지 못할 것"이라고 진단했다.

그러나 월마 루돌프는 포기하지 않았다. 꾸준한 물리치

료와 끊임없는 훈련으로 12세에 보조기를 벗고 걷기 시작했다. 이후에도 그녀는 더욱 피나는 훈련과 노력을 이어가며 육상 선수가 되었다.

1956년 멜버른 올림픽에서 16세의 나이로 400m 계주 선수로 출전해 동메달을 획득했고, 4년 뒤 1960년 로마 올림픽에서는 100m, 200m 그리고 400m 계주에서 모두 금메달을 차지했다. 특히 100m 결승에서는 11초의 기록으로 우승했고, 200m에서는 23.2초의 기록으로 올림픽 신기록을 세웠다.

윌마 루돌프의 삶과 업적은 바로 "할 수 있다", "노력하면 된다"라는 말이 현실이 될 수 있음을 보여주는 살아 있는 증거였다.

인간은 전적으로 부패했으며 구원에 있어서 전적으로 무능하다

하지만 여기서 한 가지 중요한 사실을 기억해야 한다. 우리 삶에서 노력과 최선을 다하면 많은 성과를 낼 수 있지만, 인간의 힘만으로는 죄와 죄의 형벌로부터 구원받을 수 없다. 왜냐하면 인간은 전적으로 부패했으며, 구원에 있어서 전적으로 무능하기 때문이다.

성경은 이 사실을 분명히 밝힌다. 인간은 스스로 자신을 구원할 수 없으며, 다른 인간이 우리를 구원할 수도 없다. 왜냐하면 모든 사람은 죄인이기 때문이다. 누군가가 죄인을 구원하려면, 그 사람은 하나님을 만족시킬 수 있는 의로운 존재여야 하고, 율법의 요구를 충족해야 한다. 그러나 성경은 모든 사람이 죄인임을 선언한다.

> 그러면 어떠하뇨? 우리는 나으뇨? 결코 아니라. 유대인이나 헬라인이나 다 죄 아래 있다고 우리가 이미 선언하였느니라. 기록한 바 의인은 없나니 하나도 없으며, 깨닫는 자도 없고, 하나님을 찾는 자도 없고, 다 치우쳐 한가지로 무익하게 되고 선을 행하는 자는 없나니 하나도 없도다(롬 3:9~12).

눈을 씻고 찾아봐도 인류 가운데 의인이 없다. 하나님을 아는 지식을 깨달은 자도 없고, 모두 무지하다. 하나님을 찾는 자도 없고, 선을 행하는 사람도 없다. 모두 치우쳐 한가지로 무익하게 되었다.

유대인도 이방인과 다를 것이 없다. "우리는 나으뇨? 결코 아니라." 하나님의 말씀을 맡은 유대인도 이방인보다

나을 것이 하나도 없다(롬 3:1~2, 9).

"시편 14편 3절에서 다윗은, 인간 안에 있는 부패함이 너무도 심해서 하나님께서 사람들을 굽어살피셨을 때 단 한 사람도 의로운 자를 찾을 수 없으셨다고 말한다. 여기서 이 악이 온 인류에 두루 퍼졌다는 결론이 내려진다."[1] 그러므로 유대인이건 이방인이건, 어떤 사람도 다른 사람을 구원하는 것은 불가능하다.

그렇다면 우리가 우리 자신을 구원할 수 있을까? 이것 역시 불가능하다. 우리에게는 하나님의 진노를 잠재울만한 의가 없기 때문이다. 우리가 얼마나 철저하게 부패하고 타락했는지 하나님의 말씀에 비추어보면 금방 알 수 있다.

> 저희 목구멍은 열린 무덤이요, 그 혀로는 속임을 베풀며 그 입술에는 독사의 독이 있고 그 입에는 저주와 악독이 가득하고, 그 발은 피 흘리는 데 빠른지라. 파멸과 고생이 그 길에 있어 평강의 길을 알지 못하였고 저희 눈앞에 하나님을 두려워함이 없느니라(롬 3:13~18).

우리의 목구멍, 혀, 입술, 눈, 발할 것 없이 다 죄악으로 가득하다. 목구멍은 사람을 삼킬 듯한 무덤과 같고, 입은 저주와 악독으로 가득하여 악한 것을 쏟아낸다. 발은 피 흘리는 일에 빠르다. 평강의 길은 알지 못하고, 걷지도 않는다. 심지어 하나님을 두려워하는 마음조차 없다. 이런 우리 자신에게서 한 올의 실낱같은 희망이라도 발견하는 것은 불가능하다. 우리 앞에 놓인 것은 파멸과 고생뿐이다.

그렇다면 우리의 마음과 생각은 어떤가? 예레미야 선지자는 사람의 마음에 대해 이렇게 말한다.

> 만물보다 거짓되고 심히 부패한 것은 마음이라(렘 17:9).

로마서 1:21~23은 "그 생각이 허망하여지며 미련한 마음이 어두워졌나니 스스로 지혜 있다 하나 어리석게 되어 썩어지지 아니하는 하나님의 영광을 썩어질 사람과 금수와 버러지 형상의 우상으로 바꾸었다."라고 말씀한다. 결국 인간은 하나님을 하나님으로 모시지 않으며, 우상을 하나님으로 섬긴다. 이뿐만 아니라, 마음이 어두워지고 생각이 허망해진 결과, 우리 자신과 삶은 엉망이 되고 말았다.

에베소서 4:17~19은 엉망이 된 삶에 대해 말씀한다.

그러므로 내가 이것을 말하며 주 안에서 증거하노니 이제부터는 이방인이 그 마음의 허망한 것으로 행함같이 너희는 행하지 말라. 저희 총명이 어두워지고 저희 가운데 있는 무지함과 저희 마음의 굳어짐으로 말미암아 하나님의 생명에서 떠나 있도다. 저희가 감각 없는 자 되어 자신을 방탕에 방임하여 모든 더러운 것을 욕심으로 행하되

즉, 하나님으로부터 떠난 인간은 자신의 상태와 행동에 대한 인식이 없다. 하나님의 생명에서 떠나 사는 것, 감각 없는 자 되어 자신을 방탕에 방임하는 것, 모든 더러운 것을 더럽다고 인식하지 못하고 오히려 욕심으로 그것을 행하는 것이 바로 마음과 생각이 부패한 인간의 삶이다.

하나님은 여기서 멈추지 않고, 우리가 '죽은 자'라고 선언하신다. 그것도 '죄와 허물'로 말이다.

너희의 허물과 죄로 죽었던 너희를(엡 2:1).

하나님의 관점에서 볼 때 사람은 앞으로 죽을 수밖에 없는 존재가 아니라, 이미 자기 허물과 죄로 죽은 자이다. 우리의 목구멍, 혀, 입술, 발, 눈까지도 타락했다면, 도대체

타락하지 않은 부분이 어디 있는가? 마음과 생각이 허망하여지고, 부패하며 어두워졌다면 과연 남아 있는 선함이 있을까? 만일 우리 안에 선함이 아주 미세하게 남아 있다면, 과연 그것으로 하나님을 기쁘게 할 수 있을까? 하나님께서 만족하실 만한 선과 의를 행할 수 있을까?

그러나 에베소서 2:1은 우리 자신은 물론이고 다른 사람에게도 아무런 희망이 없다고 선언한다. "너희의 허물과 죄로 죽었던 너희"라는 이 말씀은, 인간이 전적으로 타락하고 부패했을 뿐 아니라, 구원에 있어서도 전적으로 무능하다는 사실을 '죽었다'는 단어 하나로 분명히 보여준다.

그렇다. 인간은 누구든지 자기 자신을 구원할 수 없다. 전적으로 타락했고, 전적으로 부패했으며, 더 나아가 자기를 구원하는 데 있어서 전적으로 무능하다. 허물과 죄로 '죽은 자'가 어떻게 자신을 구원할 수 있으며, 또한 다른 사람을 구원할 수 있겠는가? 그것은 불가능하다.

그러므로 인간은 죄로 인해, 다른 사람은 물론이고 자신조차도 구원할 수 없다. 우리에게 주어진 것은 파멸과 멸망, 영원한 심판뿐이다. 여기서 벗어날 희망이 우리에게는 없다. 다른 사람에게도 없다.

하나님이 우리를 사랑하셨다

아무런 희망이 없고, 구원의 가능성이 전혀 없는 우리에게 놀라운 일이 일어났다. 영원한 심판과 멸망만 기다리던 우리에게 하나님께서 사랑을 베푸신 것이다.

> 하나님이 세상을 이처럼 사랑하사(요 3:16).

우리가 먼저 하나님을 사랑한 것이 아니다. 오히려 하나님께서 우리를 사랑하셨다. 우리는 마음과 생각과 총명이 어두워져서 하나님의 생명에서 떠나 있었지만, 그럼에도 하나님께서 우리를 사랑하셨다. 우리는 하나님을 경배하지 않고, 썩지 아니할 하나님을 썩을 형상과 우상으로 바꾸어 숭배했음에도 하나님은 우리를 사랑하셨다. 우리는 다 양 같아서 그릇 행하여 각기 제 길로 가버렸지만, 그럼에도 하나님은 우리를 사랑하셨다.

하나님께서 우리를 사랑하신 것은, 우리 안에 어떤 선한 구석이 있어서가 아니다. 하나님의 마음에 들만한 어떤 부분이 있어서 사랑하신 것도 아니다. 하나님은 우리의 허물과 죄로 인해 죽은 우리를 아무 조건 없이 사랑하시고 불쌓히 여기셨다. 우리가 우리의 허물과 죄로 죽은 것을 보시고 도저히 그대로 두고 보실 수 없어서 우리를 뜨겁게 사랑하셨다.

하나님의 사랑은 우리가 멸망하지 않기를 바라신다. 요한복음 3:16의 말씀이다.

> 하나님이 세상을 이처럼 사랑하사 독생자를 주셨으니 이는 저를 믿는 자마다 멸망치 않고 영생을 얻게 하려 하심이라.

하나님은 우리가 멸망하는 것을 원하지 않는다. 요한복음 3:17~18에서도 "하나님이 그 아들을 세상에 보내신 것은 세상을 심판하려 하심이 아니요," "저를 믿는 자는 심판을 받지 아니하는 것이요"라고 말씀하신다. 하나님은 우리를 크게 사랑하셔서 우리가 심판받고 멸망하는 것을 원하지 않으신다.

그렇다면 멸망하는 것이 어떤 것인가? '심판받는다'는 말과 '멸망한다'는 말은 같은 의미이다. 그것은 지옥에 떨어지는 것이다. 지옥은 불과 유황이 타오르는 불못이며, 영원히 꺼지지 않는 곳이다. 그곳에 떨어진 사람은 밤낮 세세토록 고통받는다. 아무리 노력해도 괴로운 그곳에서 벗어날 수 없다. 그렇다고 죽을 수도 없다. 오직 영원한 형벌만 있을 뿐이다.

> 또 저희를 미혹하는 마귀가 불과 유황 못에 던지우니 거기는 그 짐승과 거짓 선지자도 있어 세세토록 밤낮 괴로움을 받으리라(계 20:10).

하나님은 우리가 이처럼 무시무시한 고통을 받는 지옥에 떨어지는 것을 원하지 않으신다. 이곳에서 세세토록, 밤낮 괴로움을 받고 멸망하는 것을 원하지 않으신다.

그래서 하나님은 우리를 죄악 가운데서 구원하시기로 작정하셨다. 구원받을 수 있는 가능성이 전혀 없는 우리를 위해, 하나님께서 직접 구원의 방도를 마련하셨다. 이것은 우리를 향한 하나님의 깊은 사랑에서 비롯된 일이다.

하나님이 구원의 방도를 마련하셨다

그러면 하나님께서 마련하신 구원의 방도는 무엇인가? 그것은 바로 독생자 예수 그리스도를 보내신 일이다(요 3:16).

> 하나님이 세상을 이처럼 사랑하사 독생자를 주셨으니 이는 저를 믿는 자마다 멸망치 않고 영생을 얻게 하려 하심이니라.

하나님은 우리를 사무치도록 사랑하셔서, 우리가 멸망하지 않고 영생을 얻게 하시려고 하나님의 아들을 보내셨다.

> 하나님이 그 아들을 세상에 보내신 것은 세상을 심판하려 하심이 아니요 저로 말미암아 세상이 구원을 받게 하려 하심이라(요 3:17).

예수 그리스도는 하나님께서 세상을 구원하려고 주신 구원의 방도이다. 예수님은 우리가 구원을 얻는 방법이자, 멸망치 않고 영생을 얻을 수 있는 길이다.

예수님은 우리가 구원받을 수 있는 여러 방법 중 하나가 아니다. 여러 길 중에 최선의 길도 아니다. 세상에는 많은 방법이 있기 때문에 우리의 구원도 다양한 방법이 있을 것 같으나 그렇지 않다. 예수님은 구원에 이르는 유일한 길이다. 예수님 외에는 또 다른 구원의 길은 없다.

> 다른 이로서는 구원을 얻을 수 없나니 천하 인간에 구원을 얻을 만한 이름을 우리에게 주신 일이 없음이니라(행 4:12).

예수님께서도 자신이 유일한 구원의 방도임을 직접 말씀하셨다.

> 예수께서 가라사대 내가 곧 길이요, 진리요, 생명이니 나로 말미암지 않고는 아버지께로 올 자가 없느니라(요 14:6).

하나님 아버지께로 가는 길은 영생을 얻는 길이요, 구원받는 길인데, 그 방법이 하나뿐이라고 말씀하신다. '나로 말미암지 않고는'이라는 말씀은, 예수님 외에는 구원의 길이 없다는 말씀이다. 그러므로 예수님은 우리가 구원을 얻는 유일한 길이요, 하나님께서 주신 구원의 유일한 방도이다.

역사적으로 자신이 구원자라고 주장하는 사람들은 무수히 등장했다. 오늘날 우리 주변에서도 그런 사람들을 쉽게 볼 수 있다. 그러나 하나님께서 우리에게 주신 구원의 방도는 오직 예수 그리스도뿐이다. 그러므로 그 어떤 유혹에도 흔들리지 말고, 오직 예수 그리스도만 붙잡아야 한다.

일부 '지식인'이라고 하는 사람들은 모든 종교가 구원을 목표로 삼고, 또 구원의 길을 제시하기 때문에 어느 종교를 믿어도(방법은 달라도) 결국 같은 목적지, 즉 구원을 받는다고 주장한다.[2]

이론적으로는 매우 그럴듯해 보일 수 있다. 그러나 실제로는 그렇지 않다. 유일한 구원의 길이신 예수님을 만나지 못하면 아무런 소용이 없다.

이들의 주장대로 각기 다른 구도의 길을 걸을지라도 만일 천국 문 앞에서 예수 그리스도를 만난다면 다 천국에 이를 것이다. 하지만 성경을 읽어도 예수를 만나지 못할 수 있으며, 열심히 하나님의 말씀을 실천하고 선을 베풀어도 예수를 만나지 못할 수 있다. 각각의 종교에 심취하여 열심히 수련해도 예수님을 만날 수 없다. 거기에는 예수님이 없기 때문이다.

그리고 구원의 유일한 방법이 되는 예수님 없이는 하나님 나라에 들어갈 수 없다. '나로 말미암지 않고는 아버지께로 올 자가 없다'라고 예수님께서 친히 말씀하셨는데 어떻게 예수 없이 구원받을 수 있겠는가? 그러므로 우리는 하나님께서 우리에게 보내주신 예수님, 구원의 유일한 방도가 되신 예수 그리스도를 강하게 붙잡고 믿어야 한다.

구원에 관한 하나님의 은혜는 믿음으로 받는다

다시 요한복음 3:16과 17절 말씀을 주목하기 바란다. 이 말씀에 따르면 하나님께서 독생자를 '주셨다', '보내셨다'라고 말씀하신 것은 의미심장하다. 이것은 인간 편에서 자신을 구원할 가능성이 전혀 없기 때문에, 하나님께서 구원의 방도를 마련해 주신 것을 설명한다.

하나님은 어찌할 수 없는 죄인을 먼저 사랑하시고, 또한 죄인을 구원하기 위해 당신의 독생자를 보내셨다. 심판하기 위해서가 아니라 영생을 얻게 하려고 보내셨다. 너무도 독특하고 특별한 아들, 하나밖에 없는 너무도 소중하고 귀한 아들을 주셨다. 이것은 전적으로 하나님께서 하신 일이다.

에베소서 2장의 말씀을 빌려서 하나님이 하신 일을 더 자세히 말하면 이렇다.

> 긍휼에 풍성하신 하나님은 우리를 사랑하신 그 큰 사랑으로 허물과 죄로 죽은 우리를 그리스도와 함께 살리셨고, 그와 함께 일으키시고 또한 하나님의 보좌 우편에 함께 앉히셨다(엡 2:4~6).

우리를 살리셨고, 일으키시고, 하나님 보좌 우편에 함께 앉히신 일, 역시 허물과 죄로 죽은 우리들이 한 일이 아니다. 모두 하나님이 하신 일이다. 구원은 하나님께서 하신 일이다.

그렇다면 예수님께서 하신 일은 무엇인가? 하나님 아버지께서 이 세상을 사랑하사 당신을 보내실 때, 예수님은 하늘 영광 보좌를 내려놓고 종의 형체를 입으셨다. 그리고 사람의 모양으로 이 세상에 나타나셨다. 그뿐만 아니라 우리 죄를 짊어지시고 친히 십자가에 못 박혀 죽으셨다.

요한복음 3:14은 이렇게 말씀한다.

> 모세가 광야에서 뱀을 든 것같이 인자도 들려야 하리니

여기서 말하는 '인자'는 바로 예수님 자신을 가리키는 말이다. 그리고 '뱀이 든 것같이 인자도 들려야 한다'는 말은 바로 십자가에 못 박혀 돌아가셔야 함을 의미한다. 이 말씀 그대로 예수님은 우리를 위해 십자가에 못 박혀 돌아가셨다. 우리를 위해서 자신의 몸을 주시고, 우리의 죄를 위해서 피 흘리셨다. 세상 죄를 지고 가는 죽음, 우리를 대속하는 죽음이다.

이 죽음조차도 우리가 한 일이 아니다. 우리를 위해서 죽으시라고 해서 죽으신 것이 아니다. 우리는 모두 자기 갈 길로 갔지만, 예수님께서는 우리 모두의 죄악을 짊어지고 십자가에서 대신 죽으셨다. 결국, 우리가 우리의 구원을 위해 한 일은 하나도 없다. 모두 하나님 아버지와 예수 그리스도께서 다 하셨다.

이것이 은혜이다. 우리를 구원하시기 위해 이 세상에 오신 것도 은혜요, 우리를 위해 십자가에 죽으신 것도 은혜이다. 우리의 죄를 짊어지고 십자가에서 우리 대신 죗값을 치르신 것도 은혜요 부활하신 것도 은혜이다. 허물과 죄로 죽은 자를 사랑하신 것, 죽은 자를 살려주신 것이 은혜이다. 예수님과 함께 일으키시고 하나님 보좌 우편에 앉게 하신 것도 은혜이다. 하나님께서 우리의 구원에 관한 모든 것을 친히 하셔서 우리에게 거저 주셨으니 은혜이다.

하나님께서 인간 편에서 어찌할 수 없는 일을 일방적으로 처리해 주셨다. 우리를 구원하시기 위해 세상에 오시고, 십자가에서 우리의 죗값을 대신 치르시고, 부활하셔서 생명을 주신 일, 이것이 얼마나 큰 은혜인가! 그러므로 우리는 하나님의 은혜를 잊지 않고, 모든 영광을 하나님께 돌리며 살아야 한다.

하나님의 은혜는 믿음으로 받는다

이러한 하나님의 은혜는 믿음으로 받는다. 다시 말해, 하나님이 이루신 구원의 모든 진리와 은혜를 믿음으로 받아들인다. 여기에 중요한 진리가 있다. 요한복음 3:14~21 말씀을 보면 '믿는 자마다 영생을 얻는다'라는 말이 반복된다. 믿음은 우리의 구원과 불가분리의 관계에 있으며, 믿음이 없이는 영생을 얻을 수 없다. 이것은 엄연한 사실이고 부인할 수 없는 진리다.

그런데 자칫 잘못하면 '믿음 때문에 영생을 얻는다'고 오해한다. 이 말은 맞는 것 같으나 틀리다. 다시 말해, 믿음을 하나의 '행위'로 간주하여 구원의 원인과 조건처럼 생각한다면 믿음은 우리에게서 나온 행위가 되어버린다.

안타깝게도 이것은 복음이 아니다. 우리 구원의 원인은 하나님의 사랑과 긍휼이다. 우리를 구원하시는 모든 작업도 하나님이 하신다. 하나님께서 작업하신 결과도 하나님의 기쁘신 뜻에 따라 베푸신다. 우리는 단지 하나님이 베푸시는 구원의 은혜(선물)를 믿음으로 받을 뿐이다.

너희가 그 은혜를 인하여 믿음으로 말미암아 구원을 얻었나니 이것이 너희에게서 난 것이 아니요 하나님의 선물이라. 행위에서 난 것이 아니니 이는 누구든지 자랑치 못하게 하려 함이니라(엡 2:8~9).

그렇다면 믿음은 무엇인가? 믿음은 구원의 주체가 아니라, 하나의 통로이다. 믿음은 하나님의 구원 방도를 받아들이는 수단이요, 방법이다. 하나님의 은혜가 우리에게 임하는 통로 역할을 한다.

요한복음 3:16 말씀을 보면, 하나님께서 독생자를 주신 이유가 분명히 나타난다.

> 하나님이 세상을 이처럼 사랑하사 독생자를 주셨으니, 이는 저를 믿는 자마다 멸망치 않고 영생을 얻게 하려 하심이라.

이 말씀을 보면 영생은 우리가 예수님을 믿기 때문에 우리의 믿음이 우리에게 영생을 얻게 한다고 말하지 않는다. 우리가 믿을 때, 하나님께서 우리에게 영생을 주신다.

"인자도 들려야 하리니 이는 저를 믿는 자마다 영생을 얻게 하려 하심이니라"고 말씀하셨다. 그러면 십자가에 달리신 예수님을 믿는 우리의 믿음이 영생을 얻게 하는가 아니면 예수님이 영생을 얻게 하시는가? "저를 믿는 자마다 심판을 받지 아니하는 것이요"라고 말씀하셨는데, 믿음이 심판받지 않게 하는가 아니면 심판하시는 분이 심판받지 않게 하시는가?

우리를 구원하시는 분은 예수 그리스도이시다. 우리는 믿을 뿐이고 구원은 삼위일체 하나님이 하신다. 이런 면에서 볼 때 믿음은 그리스도가 구원하신 구원을 받아들이는 수단이요 방법이다. 우리는 하나님의 구원의 모든 은혜들을 믿음으로 받는다.

이 얼마나 감사한 일인가! 구원과 영생을 위한 하나님의 은혜, 하나님 나라에 들어가기 위한 하나님의 은혜 등 모든 것을 믿음으로 받는다고 하니 얼마나 쉽고도 간단한 일인가! 하나님의 크신 사랑, 날 위해 이 세상에 오신 예수 그리스도, 그리고 그분의 모든 구원 사역과 성령의 놀라운 일들을 믿음으로 받으면 다 내게 적용된다니 이 얼마나 감사한 일인가!

부디 당신도 하나님께서 친히 마련하신 구원의 길, 즉 예수 그리스도를 믿음으로 받고 영생하기를 바란다.

13.
예수 그리스도 외에 다른 복음은 없다

갈라디아 1:6~10

기독교 복음은 초대교회 시절부터 지금까지 끊임없는 도전을 받아왔다. 복음의 핵심 진리와 교회의 중요한 신조·교리들은 언제나 공격과 왜곡의 대상이 되어 왔다. 교회가 성장하고, 복음이 널리 전해질수록 '다른 복음'이 등장하고, 신실한 믿음을 흔들려는 시도가 나타났다.

신약 성경의 많은 서신서가 이러한 도전에 대응하기 위해 기록되었다. 일부 서신은 교회 내부 문제를 다루고, 다른 서신은 외부에서 들어오는 거짓 가르침에 맞서 진리를 변호한다. 고린도전서, 갈라디아서, 데살로니가전·후서, 유다서는 모두 복음의 진리를 지키기 위해 쓰였다. 이 서신들은 교회를 위협하는 세력에 맞서 복음을 변호하고, 예수 그리스도의 복음이 진정한 복음임을 선포하며 사도들이 전한 복음을 굳게 믿도록 권면한다.

바울은 갈라디아서 교회에 대해 이렇게 적었다.

> 그리스도의 은혜로 너희를 부르신 이를 이같이 속히 떠나 다른 복음을 따르는 것을 내가 이상히 여기노라. 다른 복음은 없나니 다만 어떤 사람들이 너희를 교란하여 그리스도의 복음을 변하게 하려 함이라. 그러나 우리나 혹은 하늘로부터 온 천사라도 우리가 너희에게 전한 복음 외에 다른 복음을 전하면 저주를 받을지어다. 우리가 전에 말하였거니와 내가 지금 다시 말하노니 만일 누구든지 너희가 받은 것 외에 다른 복음을 전하면 저주를 받을지어다(갈 1:6~9).

여기서 분명히 드러난 것은, 복음은 단 하나다. 다른 복음은 없다. 만일 다른 복음을 전하거나 믿는 것은 잘못된 일이며, 하나님 앞에서 저주를 받는다.

가짜 복음의 위험

그런데 갈라디아 교회에 가짜 복음이 들어왔다. 그것은 구원을 얻는 데 있어 믿음으로는 부족하고, 율법을 지키는 인간의 행위로 구원을 얻는다는 주장이다. 이는 하나님의 은혜로 구원받는다는 복음과 정면으로 배치된다.

바울은 이런 가짜 복음에 현혹되지 말라고 단호하게 말한다.

> 사람이 의롭게 되는 것은 율법의 행위로 말미암음이 아니요 오직 예수 그리스도를 믿음으로 말미암는 줄 알므로 우리도 그리스도 예수를 믿나니 이는 우리가 율법의 행위로써 가 아니고 그리스도를 믿음으로써 의롭다 함을 얻으려 함이라. 율법의 행위로써는 의롭다 함을 얻을 육체가 없느니라(갈 2:16).

또한 갈라디아서 3:1~7에서는 믿음을 통해 성령을 받는다는 사실을 강조하며, 율법의 행위로 구원을 얻으려는 시도를 강하게 꾸짖는다.

> 어리석도다. 갈라디아 사람들아, 예수 그리스도께서 십자가에 못 박히신 것이 너희 눈앞에 밝히 보이거늘 누가 너희를 꾀더냐? 내가 너희에게서 다만 이것을 알려 하노니 너희가 성령을 받은 것이 율법의 행위로냐 혹은 듣고 믿음으

로냐? 너희가 이같이 어리석으냐? 성령으로 시작하였다가 이제는 육체로 마치겠느냐? 너희가 이같이 많은 것을 헛되이 체험하였느냐? 과연 헛되냐? 너희에게 성령을 주시고 너희 가운데서 능력을 행하시는 이의 일이 율법의 행위에서냐 혹은 듣고 믿음에서냐? 아브라함이 하나님을 믿으매 그것을 그에게 의로 정하신 것과 같으니라. 그런즉 믿음으로 말미암은 자들은 아브라함의 자손인 줄 알지어다.

가짜 복음을 전하는 자들은 하나님과 예수 그리스도께서 행하신 모든 일, 즉 하나님의 은혜로, 믿음으로 구원을 얻는다는 것에 무엇인가를 첨가하거나 변경한다. 사도들이 전한 복음 자체를 부인하고 '새로운 교리'를 전한다.

그러나 이러한 다른 복음으로는 구원을 받을 수 없다. 사도들이 전한 복음을 변경하거나 첨가한 것은 더 이상 복음이 아니다. 복음은 시대에 따라 바꾸지 않는다. 헌법은 개정될 수 있어도 복음은 개정되지 않는다. 하나님이 어제나 오늘이나 동일하신 것처럼, 구원을 주는 복음도 변함이 없다. 시대가 변하고 과학이 발달하고 사람들의 지적 수준이 높아져도 복음은 변하지 않는다. 우리 사회와 온갖 기술들은 발전하겠지만, 복음은 발전하지 않는다. 구원은 오직 사도들이 전한 복음, 곧 예수님을 자신의 그리스도(메시아)로 믿는 믿음과 하나님의 은혜로 받는다.

오늘날의 변질된 복음

초대교회 시기에도 그랬지만, 오늘날에도 복음은 끊임없이 도전을 받는다. 사도들이 전한 복음에 새로운 옷을 입히고, 성경이 말하는 참된 복음을 올바르게 믿지 못하게 한다. 그 결과 이단은 끊임없이 생기고, 비성경적인 신앙생활을 하는 사람들이 계속 등장한다. 오늘날 가장 흔하게 나타나는 변질된 복음에는 다음과 같은 것들이 있다.

기복과 미신과 혼합된 복음

변질된 복음 중 하나는, 예수 그리스도의 복음을 기복신앙이나 미신과 혼합한 것이다. 예를 들어, '일천 번제'드리면 반드시 복을 받는다는 믿음은 사실이 아니다. 복은 우리의 행위에 달린 것이 아니라 하나님의 마음과 뜻에 달렸다.

조건을 걸고 기도하거나 헌신하는 것은 기복적이고 미신적이다. 기복 신앙은 하나님이 중심이 아니라 자기중심적이다. 모든 것이 자기가 원하는 대로 되면 은혜라고 말한다. 사실 이것은 참된 은혜가 아니다. 은혜는 오직 하나님 중심으로 나타나고, 하나님의 뜻대로 되는 것이다.

믿음과 삶을 공로로 여기는 복음

또 다른 흔한 변질은 공로주의이다. 즉, 믿음과 삶을 공로로 여기는 것이다.

갈라디아 교회에 침투해 다른 복음을 전파한 사람들이 율법의 행위를 강조한 것처럼, 오늘날에도 신자들의 행위를 강요한다. "제대로 믿으려면 이렇게 해야 한다"라고 강요한다. 혹은 '믿음 좋은 사람'이 되기 위해서, 수고하고 노력해야 한다고 요구한다. 여기서 주목해야 하는 것은 '행위'를 강조한다는 점이다.

물론 성경은 구원받은 사람의 삶과 행동을 다룬다. 행함이 없는 믿음은 죽은 믿음이라고 경고한다. 그러나 여기서 문제가 되는 행위는 자신의 공로를 드러내고 강조하는 행위이다.

구원은 인간의 행위의 결과가 아니다. 구원은 하나님께서 예수 그리스도를 믿는 자들에게 값없이 주시는 선물이요 은혜이다. 그런데 자꾸만 행위를 강조하면, 그 행위를 하지 못했을 때 죄책감과 불안함, 그리고 두려움에 사로잡힌다. 또 반대로 해야 할 행위를 했을 때 그것을 자신의 공로로 여기게 된다. 이로써 값없이 주시는 하나님의 은혜가 훼손되고, 복음의 참된 의미가 사라진다.

누가복음 18:10~13에 등장하는 바리새인처럼, 자기는 의롭다고 믿으면서 "하나님이여, 나는 다른 사람들 곧 토색, 불의, 간음하는 자들과 같지 아니하고 이 세리와도 같지 아니함을 감사하나이다. 나는 이레에 두 번씩 금식하고 또 소득의 십일조를 드리나이다"라고 한다. 자신의 경건한 삶과 믿음을 자랑하며 하나님 앞에서 의롭다고 여기는 공로주의는 진정한 믿음이 아니다.

공로주의는 하나님의 은혜를 은혜 되게 하지 않고 자기 공로로 하나님의 은혜를 파괴한다. 자기 의를 자랑하고, 자기 행위를 높이 평가하는 공로주의는 하나님의 은혜가 아닌, 자기 공로로 구원 얻는다는 이상한 복음을 만든다.

더 무서운 것은 공로주의는 교만을 낳는다. '내가 이만큼 교회를 위해 헌신했으니', '이렇게 하나님을 위해 봉사했으니' 하는 순간, 교만함이 대나무밭의 죽순처럼 마음속에서 자라난다. 이것은 스스로 속고 기만당하는 것이다.

우리가 교만과 오만에서 벗어나고 기만을 당하지 않기

위해서는 "나는 날마다 죽노라"라는 사도 바울의 말처럼 그리스도 앞에서 죽는 경험이 필요하다. 이것을 위해 우리는 자기를 쳐서 예수 그리스도에게 복종시키고, 또 날마다 자기를 부인하며 자기 십자가를 지고 예수를 따라야 한다. 우리는 날마다, 우리 자신의 죽음, 즉 십자가에 못 박혀 있는 자기 모습을 보면서 주를 따라야 한다.

또 하나는 '나의 나 된 것, 나의 모든 것이 하나님의 은혜이다.' 하는 고백을 하며 믿음 생활을 해야 한다. 우리의 구원과 관련된 모든 일이 하나님의 뜻과 은혜 없이 된 것은 하나도 없다. 모든 것이 다 하나님의 큰 사랑과 풍성하신 긍휼함에서 이루어졌고 값없이 선물로 주신 은혜이다.

우리의 구원 사건뿐 아니라 하루하루의 일상이 모두 하나님의 은혜이다. 자고 일어날 수 있도록 우리의 생명을 연장해 주시고, 새날을 주시며, 새날을 살 수 있는 새 생명과 새 힘을 주신다. 그리고 새로운 기회를 날마다 새롭게 주신다. 우리는 어제의 삶을 연장하여 오늘 사는 것이 아니다. 하나님께서 주신 오늘이라는 새로운 삶을 새롭게 산다. 우리의 모든 날이 다 하나님의 은혜이고 선물이다. 우리는 날마다 하나님의 은혜로 살고 있음을 고백하면서 감사와 찬송과 존귀와 영광을 하나님께 돌려야 한다.

적극적 사고라는 복음

적극적인 사고방식은 분명 유익하다. 자신에 관한 생각과 태도를 매우 긍정적으로 만들어준다. '할 수 있다'는 사고방식 때문에 자신감이 상승하고, 과감한 모험과 도전도 할 수 있으며, 열정적으로 생활하는 유익이 있다.

그러나 적극적인 사고는 믿음이 아니다. 말 그대로 하나의 사고방식일 뿐이다. 믿음이 사고방식에 영향을 미치고 또 긍정적인 관점과 적극적인 태도를 취하게 하는 특징이 있지만, 믿음은 믿음이고 사고방식은 사고방식일 뿐이다. 믿음의 본질은 예수 그리스도와 복음에 있다.

어떤 목사는 긍정의 힘과 적극적인 사고를 믿음이라고 말하며, 자기 설교를 듣는 사람들이 긍정적이지 않거나 적극적이지 않으면 믿음이 없다고 말하기도 한다.

하지만 적극적이냐 소극적이냐 하는 문제는 그 사람이 갖고 있는 성격, 살면서 반복된 경험이나 습관에 영향을 많이 받는다. 물론 적극적이냐 아니면 소극적이냐 하는 것이 믿음의 영향도 있겠지만 그보다 성격적인 영향이 훨씬 더 크다. "적극적이면 믿음이 있다, 소극적이면 믿음이 없다"는 논리는 위험하다.

성경과 우리 주변 사람들을 보면, 소극적이지만 온전히

믿는 사람도 많다. 조용하게 신앙생활 하지만 하나님과 예수님을 깊이 사랑하는 사람도 많다. 모세, 엘리야, 사도 베드로, 바울처럼 적극적인 사람도 있고, 이삭, 사무엘의 어머니 한나, 디모데처럼 조용하고 소극적이지만 온전히 하나님을 신뢰하는 사람도 있다.

더욱이, 성격적 특징으로 교회 안에서 앞장서서 일하고 적극적으로 봉사하는 것을 믿음으로 오해한다면, 오히려 공동체가 위험에 처할 수 있다. 믿음 없이 교인들이나 교회 지도자들을 적극적으로 돕는 것은 오히려 건강한 믿음을 갖고 소극적으로 교회 생활을 하는 사람보다 더 위험하다. 더구나 이런 사람이 공동체 구성원들의 인기와 지지를 받아 교회 제반 사역을 결정할 수 있는 지도적 위치에 오른다면 더욱더 위험해진다. 교회가 하나님과 성경이 말하는 방향이 아닌 전혀 다른 방향으로 가도록 결정할 수 있기 때문이다.

비록 믿음이 우리를 적극적이게 하고 모험과 도전하게 하는 특징이 있다고 할지라도, 적극적인 면만 보고 믿음이 좋다고 판단하는 것을 조심해야 한다.

긍정적인 것도 마찬가지다. 분명한 것은 부정적인 것보다는 긍정적인 태도나 자세, 생각과 말이 더 좋다. 하지만,

부정적이라고 해서 무조건 나쁘다거나 잘못되었다고 할 수 없다. 위험한 상황이 빤히 눈앞에 보이는데도 무모하게 긍정적이고 적극적이어서 화를 자초할 수 있다. 그 때문에 위험과 피해를 막기 위해 부정적인 판단과 말을 해야 하는 상황도 있다. 부정적인 것을 무조건 나쁘다고 하거나 믿음 없는 비신앙적인 행동이라고 단정할 수 없다.

하지만 하나님이 명령하시고, 함께 하시겠다고 하신 일들에 대해서 부정적인 말과 행동을 하는 것은 하나님에 대한 불신이다. 하나님의 뜻과 인도하심에 대해 원망하고 불평하는 것도 믿음 없는 행동이다.

그렇지만, 예레미야가 바벨론에 대항해서 싸우지 말고, 항복해야 한다(렘 38:17~18)고 외친 것은 부정적인 메시지이고 매국노의 주장처럼 들리지만, 그것은 하나님이 원하시는 믿음의 메시지였다. 이사야 선지자가 유다 왕과 정치 지도자들에게 '바벨론에게 대항하기 위해 애굽을 의지하지 말라, 그들은 상한 갈대 지팡이라'(사 36:6)고 한 것도 마찬가지다. 부정적인 사고나 말과 행동이 무조건 비신앙적인 것이거나 나쁘다고 할 수 없는 것이다.

분명 믿음은 부정적인 면보다는 긍정적인 면에 가깝다. 할 수 없다는 쪽보다 할 수 있다는 쪽으로 더 많이 기운다. 우리는 그들과 비교했을 때 '메뚜기와 같다'는 인식보다 '그들은 우리의 밥이다'라는 인식과 잘 어울린다. 내 나이가 80세라고 해도 '하나님께서 함께하시면' 하나님이 주신 땅을 차지할 수 있다는 긍정적인 태도가 믿음의 특징을 훨씬 더 잘 보여준다. "사람으로는 할 수 없으되 하나님으로는 그렇지 아니하니 하나님으로서는 다 할 수 있느니라"(막 10:27)라는 말씀처럼, 믿음은 부정적인 특징보다 긍정적인 특징에 훨씬 더 가깝다.

그렇지만 잊지 말아야 한다. 믿음에 긍정적인 특성이 많다고 해서, 긍정적인 생각이나 태도, 행동이 곧 믿음은 아니라는 점이다. 이것은 그 사람이 갖고 있는 성격이고 태도이며 자세일 수 있다. 예수님을 믿지 않는 사람 중에도 긍정적인 사람이 많은 이유가 여기에 있다.

만일 긍정적인 면이 믿음이라면, 하나님과 예수님을 믿는 모든 사람은 다 긍정적일 것이다. 그리고 일반인들보다도 훨씬 더 적극적일 것이다. 또 적극적이고 긍정적인 면이 믿음이라고 한다면, 하나님과 예수님을 믿지 않는 사람들에게서는 적극적이고 긍정적인 모습을 찾아볼 수 없어야 한다.

그런데 믿지 않는 사람들 가운데서도 믿는 사람들보다

더 담대하고, 적극적이며, 더 긍정적인 이들을 흔히 볼 수 있다. 이는 개인이 타고난 성격, 살아오면서 쌓아 온 경험, 혹은 반복된 습관의 결과일 수 있다.

따라서 우리는 혼동하지 말아야 한다. 믿음의 특성에 적극적인 면과 긍정적인 면이 있을 뿐이다. 그렇다고 이 특성이 믿음 자체일 수는 없다. 이것들은 믿음의 특성일 뿐이며, 그 특성이 곧 믿음의 본질은 아니다. 믿음의 본질은 오직 예수 그리스도와 그분의 복음에 있다.

적극적이거나 긍정적인 성격이 복음은 아니다. 적극적인 사고나 긍정적인 '언행'이 복음은 아니다. 교회 안에, 그리고 기독교 안에서 자주 회자되는 적극적인 사고나 긍정적인 '태도' 역시 복음이 아니다.

적극적인 사고나 긍정적인 태도가 우리를 죄 용서받게 하고 구원받게 하며, 하나님의 자녀가 되고, 하나님의 백성이 되게 하지 못한다. 인간의 적극적인 행동이 우리를 향한 하나님의 모든 계획과 약속을 성취하게 하는 것이 아니다. 우리가 집중하고 끝까지 붙들어야 할 진리는 예수 그리스도와 '복음'이다. 오직 예수 그리스도만 우리를 구원받게 하신다.

구약 성경에서 언급된 수많은 하나님의 뜻과 계획들이

우리 삶 속에서 이루어지는 것은 예수 그리스도 때문이다. 하나님의 수많은 약속이 우리의 삶의 현장에, 그리고 우리의 미래에 완성될 수 있는 것은 하나님의 은혜 때문이다. 그러므로 가짜 복음을 진짜 복음이라고 혼동하지 말아야 한다.

진짜 복음

사도 바울은 갈라디아서 1:4에서 복음의 본질을 매우 간결하게 요약한다.

> 그리스도께서 하나님 곧 우리 아버지의 뜻을 따라 이 악한 세대에서 우리를 건지시려고 우리 죄를 대속하기 위하여 자기를 주셨으니

바로 이것이 진짜 복음이다.

또한 바울이 고린도전서 15:3~6에서 사도들이 전한 복음의 핵심을 선포한다.

> 내가 받은 것을 먼저 너희에게 전하였노니 이는 성경대로

> 그리스도께서 우리 죄를 위하여 죽으시고 장사 지낸 바 되셨다가 성경대로 사흘 만에 다시 살아나사 게바에게 보이시고 후에 열두 제자에게와 그 후에 오백여 형제에게 일시에 보이셨나니…

예수 그리스도께서 죽으심, 장사 되심, 사흘 만에 부활하심, 그리고 나타나심, 이 네 가지가 복음의 핵심 내용이고 우리의 구원은 여기에서 시작된다. 이 사실들을 자세하게 살펴보자.

예수님의 사역은 우리를 위한 것

예수님의 죽으심과 부활은 단순한 역사적 사건이 아니다. 그것은 예수 그리스도께서 "우리 죄를 위하여" 하신 일이다(고전 15:3). 곧, 갈라디아서 1:4의 말씀처럼 "이 악한 세대에서 우리를 건지시려고 우리 죄를 대속하기 위해" 자신을 내주신 일이다. 물론 예수님께서 하나님의 뜻을 이루고 하나님을 영화롭게 하려고 이 땅에 오셨지만, 우리 입장에서 보면 우리를 구원하기 위해 오셨다. 그리고 우리를 위해 십자가에서 죽으셨다.

예수님께서 십자가에서 죽으심은 정치범으로 몰려 죽으

신 것이 아니다. 로마의 폭압과 폭정으로부터 유대를 독립시키려다가 죽은 것도 아니다. 예수님은 우리와 우리 죄를 위하여 죽으셨다. 우리를 위해 무덤에 묻히셨고, 우리를 의롭다고 하기 위해 다시 살아나셨다. 만일 예수님께서 우리를 위한 것이 아니면, 이렇게 하실 이유가 전혀 없다.

악한 세대에서 건지시려 자기를 주심

바울은 예수님께서 "이 악한 세대에서 우리를 건지시려고" 자기를 주셨다고 말한다.

'악한 세대'란 단지 바울 시대만을 가리키는 것이 아니다. 그것은 모든 시대를 관통하는 세상, 곧 불의와 죄가 지배하는 세상을 의미한다. 그리고 '이 악한 세대'는 지금 우리가 살고 있는 현세대뿐만 아니라 미래를 향해 '계속해서 나아가는 모든 시대를 가리킨다.'[1] 사도 바울의 견해나 성경적 관점에서 보면, 과거, 현재, 미래 모든 시대가 결국 '악한 세대(세상)'이다.

왜 그런가? 세상은 언제나 불의하고, 악과 죄가 지배하는 세상이다. 그리고 공중 권세를 잡은 악한 영, 곧 사탄이 지배하고, 이 세상의 신(고후 4:4)이 주 무대로 활동하며, 사람들을 죄의 굴레에 묶어 세상과 분리되지 못하게 만든다.

사탄의 지배 방식은 직접적인 통치보다 영적인 권세, 사회 제도, 문화적 가치, 인간 마음의 죄성을 활용한다. 때로는 거짓과 속임으로 잘못된 신념을 진리처럼 믿게 하고, 때로는 인간의 욕망을 자극하여 죄로 이끈다. 또한 사회와 문화를 통해 악을 정당화하거나 평범한 것으로 만들며, 그 영향력을 확대한다.

그 결과 사람들은 진리를 분별하지 못하고, 세상의 유행과 불의에 따라 살며, 무의식적으로 악을 재생산하고 확산한다. 결국 인류 사회 전체가 사탄의 영향 아래 놓이게 되며, 개인의 삶 또한 그 영향에서 자유롭지 못하다.

하지만 예수 그리스도께서는 이 악한 세대에서 우리를 '건지신다.' 여기서 '건지다'라는 말은 단순한 도움이나 보호가 아니라 "그리스도 안에 있는 하나님의 구속 행위를 묘사할 때 쓰는 말로써, '구원하다', '구출하다', '해방하다', '값을 지불하고 사다'를 뜻"한다.[2]

하나님께서 노아와 에녹을 악한 세대 가운데서 구원하신 것처럼, 예수 그리스도는 우리를 위해 자기 몸을 내어 주심으로 죄와 세상을 결합하는 사슬을 완전히 끊으셨다. '특히 악한 모든 것으로부터 우리를 분리했다.'

그 결과 우리는 더 이상 사탄의 지배나 세상의 원리에

묶이지 않고, 하나님의 말씀을 삶의 원리로 삼아 새로운 삶을 살게 되었다.

예수 그리스도의 십자가와 부활은 우리를 악한 세대의 속박에서 해방하신 구원의 사건이다. 그러므로 예수 그리스도가 바로 복음이며, 그분이 행하신 일이야말로 참된 기쁜 소식이다.

우리 죄를 위하여 대신 죽으심

예수님은 "우리의 죄를 위하여", "우리 죄를 대속하기 위하여" "자기를 주셨다." 죄를 지으면 반드시 대가가 따른다. 그것은 죽음이다. 죄를 지은 자는 생명으로 값을 치러야 한다. 그리고 죄를 지으면 하나님의 심판과 형벌을 피할 수 없다. 그 형벌은 단순한 육체적 죽음을 넘어, 영원한 죽음 곧 지옥에서 끝이 없는 형벌을 받는 것이다.

성경은 모든 사람이 죄를 범하였다고 말한다. 아담과 하와가 하나님께 불순종하여 죄를 범한 이후, 한 사람으로 말미암아 죄가 세상에 들어왔고 모든 인류가 죄인이 되었다. 그 결과 모든 사람은 한 번 죽는 것이 정해졌고, 그 후에는 하나님의 심판을 받게 되었다(히 9:27). 이것이 인간의 운명이다.

그런데 예수 그리스도께서 우리 죄를 대속하기 위해 친히 우리 죄를 담당하시고 우리를 대신해서 죽으셨다. 우리를 구원하시기 위해 친히 자기를 내어주시고, 우리가 받아야 할 형벌을 대신 받으셨다.

이것이 '대속'이다. 대속이라는 말은 '대신' 혹은 '대리'의 의미가 있다. 우리가 감당할 수 없는 죗값을 예수님께서 '대신'해서 갚았다. 우리가 하나님의 진노의 심판과 형벌을 받아야 할 자리에, 예수님께서 대신 서셨다. 우리 대신 우리 죄에 대한 심판과 형벌을 받았다.

그 결과 우리는 죄 사함을 받았다. 죄로 인한 형벌도 면하게 되었다. 더 이상 하나님의 진노와 심판 아래 있지 않다. 이것이야말로 복음이며, 세상에서 가장 기쁜 소식이다.

장사 되심

예수 그리스도는 우리를 대신하여 죽으셨을 뿐만 아니라, 우리를 대신하여 장사 되셨다. 우리가 죽어 무덤에 묻혀야 할 자리에 예수님이 들어가셨고, 우리가 있어야 할 무덤에 예수님이 계셨다. 우리가 경험해야 할 지옥 사망을 예수님께서 대신 경험하고 형벌을 받으신 것이다.

에베소서 4:9은 이렇게 말씀한다.

> 올라가셨다 하였은즉 땅 아래 낮은 곳으로 내리셨던 것이 아니면 무엇이냐?

사도 바울은 예수 그리스도께서 승천하셔서 높은 곳에 오르시며 사람들에게 은사를 나누어 주셨다고 말하면서, 승천이 가능하려면 그 이전에 먼저 내려오신 사건이 있어야 한다고 강조한다.

그리고 "땅 아래 낮은 곳으로 내리셨던 것이 아니면 무엇이냐?"는 말씀을 공동번역에서는 "땅 아래의 세계에까지 내려가셨다는 말이 아니고 무엇이겠습니까?"라고 번역했다. '땅 아래의 낮은 곳'을 '땅 아래의 세계'로 번역하고, 예수님께서 그곳에까지 내려가셨다고 이해한다. 즉, 예수님께서 십자가에 못 박혀 돌아가신 후 무덤에 장사 되신 사건을 가리켜 '땅 아래의 세계에 가신 것'이라고 해석하는 것이다.

베드로전서 3:19에서도 이와 관련한 말씀이 나온다.

> 그가 또한 영으로 가서 옥에 있는 영들에게 선포하시니라.

여기서 '옥'은 지옥을 가리키는 표현이다. 그렇다면 예수님께서 장사 되심은 단순히 무덤에 묻힌 사건을 넘어, 우리를 대리하여 지옥에서 형벌을 경험하셨다는 의미를 담고 있다. 또한 예수님은 지옥 형벌을 받으면서 그곳에 있는 영들에게 자신을 선포하셨다는 의미도 된다. 이것이 사도 베드로가 전하는 메시지이다.

삼 일 만에 부활하심

예수 그리스도께서 우리와 우리 죄를 위하여 죽으시고 장사 지낸 바 되셨다가 "삼 일 만에 다시 살아나셨다"는 사실이다. 예수님의 부활이야말로 복음의 핵심이다.

예수 그리스도의 부활이 기쁜 소식인 이유는 고린도전서 15장에서 사도 바울이 상세히 설명한다. 당시에도 죽은 자의 부활을 의심하는 사람들이 많았다. 만일 죽은 자의 부활이 없다면, 예수 그리스도께서도 부활하지 못하셨을 것이다. 그렇다면 예수 그리스도의 죽음과 부활을 선포하는 복음은 헛것이 되고, 그 복음을 믿는 우리의 믿음도 아무 의미가 없게 된다. 또한 죽은 자의 부활이 없다면, 이미 그 믿음을 따라 세상을 떠난 자들은 구원 없이 사라진 셈이 되고, 지금도 그 소망을 붙들고 살아가는 신자들은 세상에서 가장 불쌍한 사람이 되고 만다.

그러나 감사하게도 예수 그리스도의 부활은 역사적 사실이며 변치 않는 진리이다. 하나님께서는 당신의 아들이 죽은 자 가운데 있도록 내버려두지 않으셨다. 사흘 만에 예수 그리스도를 죽음에서 일으키셨고(행 17:31; 엡 1:20; 살전 1:10), 예수 그리스도를 "오른손으로 높이시고 임금과 주로 삼으셨다."(행 5:31).

예수 그리스도의 부활이 우리에게 기쁜 소식인 첫째 이유는, 그분이 부활의 첫 열매가 되셨다는 사실이다. 이는 장차 우리도 예수 그리스도와 연합하여 예수 그리스도처럼 부활한다는 진리를 보증한다. 그날에 우리는 썩지 아니할 몸으로, 영광스러운 몸으로, 강한 몸으로, 그리고 신령한 몸으로 부활하게 된다.

둘째 이유는, 예수 그리스도의 부활을 통해 우리가 의롭다 하심을 얻게 되었다는 점이다(롬 4:25). 부활은 단지 죽음을 이기신 사건이 아니라, 우리를 하나님의 심판에서 건져 내고 의롭다 하시는 선언이기도 하다.

셋째 이유는, 그분의 부활로 인하여 우리가 하나님의 진노, 장래의 노하심에서 건짐을 받았다는 사실이다(살전 1:10). 이제 우리는 심판을 받지 아니하고, 하나님이 준비하신 새

하늘과 새 땅, 새 예루살렘으로 들어가 어린 양 예수 그리스도와 함께 영원히 왕 노릇 할 소망을 갖게 되었다.

나타나심

'나타나심'은 부활하신 예수님께서 자기를 나타내시고 보이셨다는 것이다. 주님은 베드로를 비롯하여 열두 제자에게 나타나셨을 뿐 아니라, 야고보와 오백여 형제에게 일시에 나타나셨다. 또한, 40일 동안 지상에서 하나님 나라의 복음을 전하시면서 부활하신 몸으로 머무르셨다.

이렇게 부활하신 예수님의 나타나심이 의미하는 바는 무엇일까? 사도행전 17:31 말씀에 따르면, 천하를 공의로 심판하실 날을 작정하신 하나님께서 예수 그리스도를 죽은 자 가운데서 다시 살리시고 나타나게 하신 것은, "모든 사람에게 믿을 만한 증거를 주신 것"이라고 하였다. 다시 말하면, 하나님께서 공의로 심판하신다는 증거를 주신 일이고, 예수가 그리스도요, 그분이 심판에서 구원하는 구원자라는 증거이며, 그를 믿는 자는 심판을 받지 아니하고 영생을 얻는다는 증거로 주신 것이다. 그리고 예수님의 부활과 그분의 나타나심 자체가 바로 믿을 만한 사실이라는 증거가 된다는 뜻이다.

우리의 구원, 전적으로 삼위 하나님이 하심

왜 예수 그리스도께서 우리를 악한 세대에서 건지시고 우리와 우리의 죄를 위하여 자기 몸을 주신 것이 기쁜 소식인가? 그리고 장사 되시고 사흘 만에 부활하시고 나타나신 것이 기쁜 소식인가? 그 이유는 이 모든 일은 전적으로 하나님과 예수 그리스도에 의해서 이루어졌고, 우리가 한 일은 전혀 없기 때문이다.

놀라운 점은, 하나님과 예수 그리스도께서 "우리를 위하여" 이 일을 계획하시고 친히 구원 계획을 이루셨다는 사실이다. 우리는 불경건하고 죄인이었으며, 심지어 하나님과 원수 관계에 있었다. 여호와를 하나님으로 인정하지도 않았고, 경배하거나 영화롭게도 하지 않았다. 또한 구원을 요청한 적도 없었다. 구원의 필요성을 알지 못했고, 우리의 상태가 얼마나 심각한지도 몰랐다. 예수 그리스도의 필요성이라고는 전혀 느끼지 못했다.

그럼에도 하나님은 우리를 구원하시기 위해 당신의 특별한 아들 예수 그리스도를 이 세상에 보내셨다. 예수 그리스도는 불경건하고 죄인이며 하나님과 원수 된 우리를 대신해 죽으셨다. 또한 우리의 죗값을 치르시고, 심판과 형벌을 대신 받으셨다. 그리하여 우리가 구원받을 수 있는 모든 길을 열어 놓으셨다.

갈라디아서 1:4 말씀은 예수 그리스도께서 우리를 위해 행하신 모든 구원 행위가 "하나님 곧 우리 아버지의 뜻을 따라" 이루어졌음을 분명히 한다. 예수 그리스도의 죽으심, 장사 됨, 삼 일 만에 다시 살아나심, 그리고 나타나심, 이 모든 것은 하나님의 뜻 안에서 이루어졌고, 예수 그리스도의 죽으심과 부활로 말미암아 우리의 구원이 완성되었다. 다시 말해, 우리의 구원은 전적으로 하나님의 은혜로 이루어진 것이다. 우리의 노력이나 공로가 아니라, 삼위일체 하나님의 계획과 행위 속에서 완성된 구원이다. 그러므로 우리는, 우리의 구원이 전적으로 하나님의 은혜임을 고백하고 감사하지 않을 수 없다.

우리에게 필요한 한 가지

이제 남은 것은 단 하나다. 삼위 하나님께서 우리의 구원을 위해 하신 모든 일을 믿고 받아들일 것인지, 아니면 거부하고 여전히 죄 가운데 머물 것인지를 선택하는 일이다.

사도 바울은 이렇게 권면한다.

> 네가 만일 네 입으로 예수를 주로 시인하며 또 하나님께서 그를 죽은 자 가운데서 살리신 것을 네 마음에 믿으면 구원을 받으리라. 사람이 마음으로 믿어 의에 이르고 입으로 시인하여 구원에 이르느니라(롬 10:9~10).

또 바울은 고린도전서 15:1~2에서 복음을 굳게 붙들 것을 권면한다.

> 형제들아, 내가 너희에게 전한 복음을 너희에게 알게 하노니 이는 너희가 받은 것이요, 또 그 가운데 선 것이라. 너희가 만일 내가 전한 그 말을 굳게 지키고 헛되이 믿지 아니하였으면, 그로 말미암아 구원을 받으리라(고전 15:1~2).

결국, 구원은 예수 그리스도의 죽으심과 장사 됨, 부활과 나타나심을 믿는 것에서 시작된다. 곧, 예수님께서 당신의 죄를 위하여 죽으셨다는 것을 믿고, 하나님께서 죽은 자 가운데서 예수님을 다시 살리셨다는 것을 믿으며, 예수 그리스도가 당신의 주가 되신다는 것을 고백하면 구원받는다. 이것이 진짜 복음이다.

진짜 복음을 굳게 믿고 지키라

고린도전서 15:2 말씀에서 "너희가 만일 내가 전한 그 말을 굳게 지키고 헛되이 믿지 아니하였으면 그로 말미암아 구원을 받으리라"고 말씀한다. 이 말씀에서 구원받기 위한 두 가지를 중요한 사항을 제시한다.

첫째는 "내가 전한 그 말을 헛되이 믿지 아니하였으면"이다. 다시 말해, 바울이 전한 예수 그리스도의 복음을 진실하게 믿는 것을 의미한다. 예수 그리스도만이 우리에게 구원을 주시는 진짜 복음이기 때문이다.

둘째는 "내가 전한 그 말을 굳게 지키고"이다. '굳게 지킨다'는 말은 어떤 상황 속에서도 예수 그리스도의 복음을 놓치지 않는 것을 가리킨다. 예수 그리스도의 복음을 세상이나 세상 것과 바꾸지 않는 것이며, 환경이나 감정 때문에 복음을 포기하지 않는 것이다. 누군가 당신에게 예수 그리스도의 복음이 아닌 다른 복음을 전해도, 예수 그리스도의 복음을 바꾸지 않고 굳게 붙잡는 것을 의미한다.

우리는 예수 그리스도를 자신의 구원자로 영접할 때, 이미 구원을 받았다. 하지만, 이 믿음을 끝까지 지킬 때 비로소 완전한 구원에 들어가게 된다. 예수 그리스도의 복음과 그것을 믿는 우리의 믿음을 굳게 지키지 않으면 구원을 얻지 못한다. 다른 복음으로 대체하거나 바꾸어도 마찬가지다. 우리가 예수 그리스도를 자신의 주로 영접한 날부터 주님이 오시는 그날까지, 혹은 개인적으로 임종을 맞이하는 그날까지, 예수가 나의 구원자이며 주이심을 믿고 붙드는 자만 구원을 받는다.

그러므로 우리는 죽는 날까지 예수 그리스도의 복음을 굳게 지키며, 흔들림 없이 믿어야 한다. 그렇게 할 때, 예수 그리스도께서 다시 오시는 날, 우리는 구원을 받고 썩지 아니할 몸과 영광스러운 몸, 신령한 몸으로 부활하여 세세토록 주 예수 그리스도와 함께 왕 노릇 하게 된다.

구원은 단순히 복음을 아는 것이 아니라, 예수 그리스도의 죽으심과 부활, 나타나심을 마음으로 믿고 입으로 시인함이다(롬 10:9~10). 믿음은 어떤 상황에서도 예수 그리스도의 복음을 잃지 않고 끝까지 굳게 붙드는 것이다(고전 15:1~2).

우리가 굳게 붙잡고 끝까지 믿어야 할 것은 우리를 위한 예수 그리스도의 죽음, 장사 지냄, 부활, 그리고 나타나심이다.

14.
왕이신 예수님을 당신의 보좌에 모시고 살라

사도행전 2:36; 로마서 6:16

우리는 앞 장에서 "예수 그리스도 외에 다른 복음은 없다"는 사실을 확인했다. 특히 예수님의 대속적인 죽음, 장사 지냄, 그리고 사흘 만에 부활하심과 나타나심이 복음의 핵심적인 내용이라는 것을 알았다. 또한 예수님의 죽으심과 부활하심이 '우리를 위한', '우리 죄를 위한' 일임도 깨달았다.

그러나 복음을 말할 때 이것이 기쁜 소식의 전부는 아니다. 복음은 예수님의 죽으심과 부활을 포함하지만, 그것보다 훨씬 더 광범위한 내용을 담고 있다. 우리의 구원을 위한 기쁜 소식이지만 '구원을 얻음' 그 이상의 의미가 있다.

이제 우리는 여기서 '구원 그 이상'의 내용 중 하나를 살펴보려 한다. 그것은 바로 "예수 그리스도는 우리의 주이

시다", 혹은 "예수 그리스도는 우리의 왕이시다"라는 복음이다.[1]

예수님이 왕이시라는 복음

사도행전 2:29~36은 베드로가 오순절에 전한 복음이다. 베드로는 청중들에게 다음과 같이 설교했다. 요약하면 이런 내용이다.

"형제들아, 내가 조상 다윗에 대하여 담대히 말한다. 다윗은 선지자다. 그는 하나님께서 그의 후손 가운데서 한 사람을 그의 왕좌에 앉히시겠다고 하신 맹세를 알고 있다. 그리고 그리스도의 부활을 미리 내다보았다. 또 다윗은 '하나님께 예수를 살리시고 오른손으로 높이시며 내가 네 원수로 네 발등상이 되게 하기까지 내(하나님의) 우편에 앉아 있으리라' 하고 말하였다. 그런즉 이스라엘 온 집은 확실히 알아야 한다. 너희가 십자가에 못 박은 이 예수를 하나님이 주와 그리스도가 되게 하셨느니라."

사도 베드로가 전한 복음의 내용은 예수를 '다윗의 왕위에 앉게 하심', 하나님이 예수를 높이심, 하나님의 우편 자리에 앉히심, 이 예수를 '주'와 '그리스도'가 되게 하심이다. 이 모든 표현은 '왕'과 관련된 표현이다. 따라서 사도 베드로가 전한 복음은 '예수님은 메시아이면서 동시에 온 이스라엘과 모든 민족의 주이시다'는 내용이다.

'주'라는 말은 "주인", '통치자', '왕'을 뜻한다. 그리고 '하나님'과 동일시 하는 칭호이다.

사도 베드로가 오순절 날에 성령으로 충만하여 전한 복음은 바로 너희가 십자가에 못 박아 죽인 예수를 하나님이 높여서 '왕이 되게 하셨다'는 것이다.

'예수가 왕이시다'는 메시지는 사도 베드로만 전한 것이 아니다. 사도행전 5:30~31을 보면, 베드로는 물론이고 다른 사도들도 공회에서 심문을 받을 때, 동일한 내용의 복음을 선포했다.

> 너희가 나무에 달아 죽인 예수를 우리 조상의 하나님이 살리시고 이스라엘에게 회개함과 죄 사함을 주시려고 그를 오른손으로 높이사 임금과 구주로 삼으셨느니라.

그러므로 "예수님은 임금이시다. 왕이시다." 이것이 사도들이 공회 앞에서 심문을 받을 때 고백한, 부인할 수 없는 사실이요 진리라고 증언한 복음이다.

사도 바울도 동일한 내용의 복음을 말한다. 먼저 로마서 1:2~4 말씀을 보라.

> 이 복음은 하나님이 선지자들을 통하여 그의 아들에 관하여 성경에 미리 약속하신 것이라. 그의 아들에 관하여 말하면 육신으로는 다윗의 혈통에서 나셨고, 성결의 영으로는 죽은 자들 가운데서 부활하사 능력으로 하나님의 아들로 선포되셨으니 곧 우리 주 예수 그리스도시니라.

'이 복음은'이라고 말하면서 복음의 여러 가지 내용을 언급한다. 예수님이 하나님의 아들 되심, 성경에 미리 약속한 하나님의 약속의 성취자가 되심, 죽으심과 부활, 그리스도(메시야)이심 등이다. 이 모든 내용이 다 기쁜 소식이다.

또 사도 바울은 '이 복음은'이라고 말하면서 예수님을 가리켜 '다윗의 혈통에서 나셨다'라고 말하며 '우리 주 예수'라고 표현한다. 다윗의 혈통은 왕족의 혈통이다. 왕족의 혈통에서 태어난 자에게 왕위와 통치권을 준다. 그래서 '우리 주 예수'라고 표현한 것이다.

사도 바울이 예수님을 가리켜 온 이스라엘과 이방인의 '주'가 되신다고 전한 내용은 여러 곳에서 발견된다. 고린도전서 1:2, 고린도후서 4:5에서는 오직 예수 그리스도만이 이스라엘과 이방인의 주되신다는 것을 선포한다. 갈라디아서 1:3, 6:18; 에베소서 1:2, 17; 빌립보서 2:11, 3:20; 골로새서 2:6, 3:17; 데살로니가후서 1:7, 2:8, 14 등 참으로 많은 곳에서 '예수는 우리의 주이시다'라고 말한다.

마태, 마가, 누가, 요한은 예수님이 복음이라고 말한다. 하지만 저마다 강조하는 바가 조금씩 다르다. 마가복음은 예수님을 '하나님의 아들 예수 그리스도'(막 1:1)로 소개한다. 그래서 마가는 "하나님의 아들 예수 그리스도의 복음의 시작이라"고 말하면서 자신이 전하는 예수 복음을 시작한다. 누가복음은 예수님을 '사람의 아들'(인자, 눅 5:24), 혹은 죄인들의 구원자로 소개한다. 특히 마태복음은 '예수님이 왕이시다'는 점을 강조한다. 그래서 마태복음을 읽어보면, 왕과 관계된 용어나, 표현들이 많이 등장한다.

몇 가지 예를 들면, 마태복음 1:1에서 시작부터 예수님을 가리켜 "다윗의 자손"이라고 부른다. 그리고 마태복음 1:21에서 예수님을 "자기 백성을 저희 죄에서 구원할 자"

라고 말하면서 예수님을 왕으로 표현한다. 또 마태복음 2장에서 동방박사들이 "유대인의 왕으로 나신 이가 어디에 계십니까?" 하고 찾았다. 그리고 마구간의 말구유에 누워 있는 어린 아기 예수에게 경배하는 사건도 예수님이 왕이심을 보여준다. 또한 헤롯 왕의 태도와 무자비한 학살은 왕이신 예수님에 대한 경계심을 여실히 드러냈다.

그런가 하면 세례요한의 등장을 '주의 길을 예배하는 자'로 소개한다. 세례요한이 준비하는 '주의 길'은 곧 왕이신 예수님께서 오시는 길이다.

예수님께서 마귀에게 시험받으실 때 마귀가 "천하만국과 그 영광을 보여주며 내게 엎드려 경배하라"는 유혹도 예수님이 왕이시기 때문에 이런 유혹을 하는 것이다.

이 외에도 예수님께서 갈릴리에서 첫 번째로 선포하신 복음이 바로 "회개하라. 천국이 가까이 왔느니라"이다. 여기서 말하는 '천국'은 곧 하나님의 나라를 의미한다. 이후 예수님께서는 산상에서, 혹은 각 마을과 회당과 집에서 하나님 나라의 복음을 수도 없이 전파하셨다.

그리고 예수님은 왕으로서 자기 백성을 위해 십자가에 못 박혀 돌아가셨으며 또한 자기 백성을 위해 사흘 만에 부활하셨다. 이처럼 마태가 전한 복음은 곧 예수님이 우리의 왕이시다는 복음이다.

하나님 나라의 복음

그렇다면, 왕이신 예수님은 무엇을 하셨는가? 예수님은 말씀이 육신이 되어 우리 가운데 거하시고 이 땅에서 사역하는 동안 죄인의 죄를 사하시며, 각색 병든 자를 고치시며, 귀신을 쫓아내셨다. 그리고 배고픈 자들을 먹이셨다.

그 이유는 하나님의 나라에는 병든 자나 아픈 자나 귀신 들린 자나, 헐벗고 굶주린 자들이 없기 때문이다. 하나님 나라가 임하였다는 것을 깨닫게 하고 경험하게 하려고 이런 사역을 하신 것이다.

제자들에게 기도에 대해 가르치실 때 "너희는 이렇게 기도하라"고 하시면서 우리가 알고 있는 '주의 기도'를 가르쳐 주셨다. 주기도문의 핵심은 바로 "이 땅에 하나님의 나라가 임하는 것, 하나님의 뜻이 하늘에서 이루어진 것처럼 이 땅에서도 이루어지는" 것이다.

예수님의 사역은 '하나님 나라'에 초점을 맞추고 있다. 예수님은 하나님의 나라를 선포하셨고 가르치셨다. 구약성경에서 말하는 하나님의 나라, 하나님께서 계획하시고 약속하신 하나님의 나라를 전파하셨다. 그래서 예수님이 전한 복음을 가리켜 '하나님 나라의 복음'이라고 말하기도 한다.

왕이신 예수님

예수님은 하나님의 나라만 전한 것이 아니다. 예수님은 직접적인 말씀과 비유를 통해 자신이 하나님의 아들이시며, 동시에 하나님으로부터 왕위를 받는 '대리 통치자'라는 것을 말씀하셨다. 다시 말해, 하나님의 보좌 우편에 앉아서 통치하는 왕이라는 점을 말한 것이다. 마태복음 16:28을 보라.

> 진실로 너희에게 이르노니 여기 서 있는 사람 중에 죽기 전에 인자가 그 왕권을 가지고 오는 것을 볼 자들도 있느니라.

마태복음 19:28과 25:31, 누가복음 22:69~70 말씀을 보라.

예수께서 이르시되 내가 진실로 너희에게 이르노니 세상이 새롭게 되어 인자가 자기 영광의 보좌에 앉을 때에 나를 따르는 너희도 열두 보좌에 앉아 이스라엘 열두 지파를 심판하리라(마 19:28).

인자가 자기 영광으로 모든 천사와 함께 올 때에 자기 영광의 보좌에 앉으리니(마 25:31; 참조, 마 24:30).

그러나 이제부터는 인자가 하나님의 권능의 우편에 앉아 있으리라 하시니 다 이르되 그러면 네가 하나님의 아들이냐 대답하시되 너희들이 내가 그라고 말하고 있느니라(눅 22:69~70).

하나님의 아들이신 예수님은 하나님 아버지로부터 '심판하는 권세를 받으셨다'(요 5:27). 더구나 십자가에 죽으시고 부활하셨을 때, 하늘과 땅의 모든 권세를 받으셨다(마 28:18).

사도 바울은 예수님이 왕이시라는 사실을 잘 알고 있었다. 이 땅에서 예수님의 사역은 왕적인 사역이며, 죽으시고 부활하시어 하나님의 보좌 우편으로 승천하신 것도 왕적인 승귀임을 잘 알고 있었다. 더 나아가 예수님께서 말쓸하신 대로 모든 천사와 함께 영광으로 이 땅에 다시 오심은 왕이 불순종하는 모든 자들을 심판하는 심판자로 오심도 잘 알고 있었다. 그래서 그는 고린도전서 15:24에서 부활하신 예수님이 다시 오실 때에는 "그가 모든 통치와 모든 권세와 능력을 멸하시고 나라를 아버지 하나님께 바칠 때라."고 말한 것이다.

사도 베드로를 비롯해 사도 바울과 여러 사도가 전한 복음, 그리고 예수 그리스도께서 친히 선포하신 복음은 많은 내용을 담고 있지만, 오늘 우리의 관심사에서 볼 때, "예수님이 우리의 왕㈜이시다"는 기쁜 소식이다. 이것이 진짜 복음이다. 예수님이 왕이시라는 기쁜 소식 외에 다른 복음은 없다.

예수님이 우리의 왕이시라는 복음의 의미

그렇다면, 예수님이 '우리의' 왕이시라는 사실이 의미하는 바가 무엇인가?

가이사가 우리의 왕인가

예수님이 왕이라는 고백과 선언은 예수님 외에 다른 어

떤 것도 '우리의 왕'이 아니라는 뜻이다. 심지어 황제 가이사도 그리스도인의 왕이 될 수 없다. 사도행전 17:7에서 예수님을 믿는 사람들을 가리켜 이렇게 말한다.

> 야손이 그들을 맞아 들였도다. 이 사람들이 다 가이사의 명을 거역하여 말하되 다른 임금 곧 예수라 하는 이가 있다 하더이다 하니(행 17:7).

이 말씀을 보면, 로마제국의 황제 가이사의 명령이 내려졌다. 그 명령은 황제 가이사에게 충성하고 숭배하라는 명령이었다. 제국의 모든 백성은 가이사의 명령에 순종했고, 황제 가이사를 그들의 신성한 '주'로 여겼다.

그러나 예수님을 주로 믿는 사람들, 예수님만 자신들의 왕이라고 믿는 사람들은 그렇지 않았다. 이들은 자신들에게는 가이사가 아닌 다른 임금이 계신다고 했다. 그분은 곧 예수 그리스도였다.

그리스도인에게는 두 가지 시민권이 있다. 하나는 땅의 나라의 시민권이고, 다른 하나는 하늘나라의 시민권이다. 대한민국의 시민권을 가진 그리스도인이 이렇게 말한다고 해 보자.

"우리에게는 대통령이 한 분뿐이십니다. 그분은 바로 예수 그리스도이십니다. 우리는 우리의 왕이시며 대통령이신 예수 그리스도께만 충성합니다. 그분의 명령과 가르침만 따르겠습니다."

이 말이 조금 극단적으로 들리는가?

그런데 만약 대한민국의 시민권을 가진 사람들이 이렇게 비난한다면 어떻게 하겠는가?

"기독교인들은 이 땅에 살면서 나라와 정부에 충성하지 않는다. 차라리 그럴 바에는 대한민국의 시민권을 포기하고 이 땅을 떠나라."

예수님을 주로 모시고 사는 당신은 이런 비난을 감수하겠는가? 아니면 이렇게 말하는 사람들의 요구에 따라 예수 그리스도가 당신의 왕이심을 포기하겠는가?

적어도 복음을 믿는다고 한다면, 그것은 예수 그리스도가 자신의 유일한 왕이시라고 믿는 것이다. 성경이 말하는 복음을 받아들인 사람은 예수님만 자신의 왕으로 모시고 산다. 그래서 다른 왕, 다른 임금은 필요치 않다.

그렇다면 한 나라의 최고 통치자에 대해서는 어떤 태도를 보이는가? 자신의 나라 대통령에 대해서는 몇 가지 뚜렷한 태도를 보인다. 먼저, 모든 인간 제도는 물론이고 한

나라의 대통령은 하나님께서 악을 억제하고 선을 장려하기 위해 세웠다는 것을 믿는다(롬 13:1~7). 웨스트민스터 신앙고백 23장에서도 국가와 정부는 하나님의 영광과 공익을 위해서 칼을 위임받았다고 한다. 그렇기 때문에 그리스도인이라 할지라도 대통령과 위정자들에게 복종하며 질서를 유지한다.

하지만 국가나 정부의 위정자들에게 순종하는 동기는 '주를 위하여'(διά τὸν κύριον) 한다(벧전 2:13~17). 사실 인간 제도에 대한 우리의 복종은 주님에 대한 복종과 직접적으로 연결되어 있다. 그래서 모든 인간 제도를 만드시고, 또 왕과 위정자들을 세우신 하나님의 영광을 위해 복종하는 것이다.

그러나 그리스도인은 무조건적인 복종을 하지 않는다. 로마서 13:1~7이나 베드로전서 2:13~17의 말씀은 '무조건적이고 절대복종하라'는 말씀이 아니다. 인간의 모든 제도와 대통령, 그리고 위정자들은 종종 실수할 때가 있다. 다니엘 3장에서 보듯이 하나님이 아닌 우상을 숭배하도록 명령할 수 있다. 국가나 최고 통치자, 그리고 위정자들이 하나님의 뜻을 거스르는 명령을 할 때는 왕이신 하나님과 예수님을 위해 거부하고 불복종하는 것이다.

정치는 절대적으로 옳은 방향으로만 진행되지 않는다.

얼마든지 왜곡될 수 있고, 권력의 남용이 일어날 수 있다. 이런 점에서 칼빈은 〈기독교강요〉 4권 제20장에서 정부의 필요성을 옹호하면서 동시에 권력 남용에 대해 합법적 질서 안에서 제동이 필요하다고 말했다.[2]

독일 고백교회(Confessing Church)의 '바르멘 선언'(The Barmen Declaration, 1934)도 같은 노선에 있다. '국가는 하나님의 위임을 받아 정의와 평화를 보장하는 사명을 지닌다. 교회는 이러한 하나님의 위임과 국가의 사명을 감사함으로 받아들인다. 하지만 국가가 자기 고유의 임무를 넘어 인간 삶의 단일하고 총체적인 질서가 되어(통제하거나), 교회의 소명까지 이행하려고 하는 것을 거부한다. 교회 역시 자기 고유한 임무와 사명을 넘어 국가의 속성, 과업, 그리고 권위를 취하여 스스로 국가 기관이 될 수 있다고 주장하는 것을 거부한다.'[3] 바르멘 선언은 국가 이데올로기의 교회 지배와 교회가 국가를 지배하려는 것을 모두 거부한 대표적인 사례이다. 이유는 교회도 국가도 하나님의 계명과 말씀 앞에서 한계를 가지고 있기 때문이다.

따라서 이런 한계를 인정한다면, 그리스도인이 자신이 속한 국가의 시민권을 갖고 최고 통치자에게 순종하는 것은 합법적 명령과 공익에 기여할 때이다. 하나님께 대한 직접적인 불순종을 강요할 때는 불순종할 수밖에 없다. 그리스도인의 순종과 복종은 제한된 순종과 복종, 제한된 충성이다.

국가와 정부, 그리고 한 나라의 대통령과 수많은 위정자들이 권력을 남용할 수 있다는 점을 직시할 때, 이들이 우리의 진정한 왕이 될 수 없다는 점도 깨닫게 된다. 국민을 보호하고 공익을 추구하지만, 그렇지 못할 수도 있다. 실제로 백성을 위한다는 명목 아래 대통령이 자기 이권을 따라 통치하는 경우가 얼마나 많은가? 그리고 정작 위기가 발생하면 자기 백성을 버리고 도망치는 경우도 있지 않은가?

그러므로 가이사와 같은 황제도, 한 나라의 대통령도 그리스도인의 '주'가 될 수는 없다. 오직 예수 그리스도만 우리의 유일한 '왕'이시다. 예수님만 우리를 위해 자기 목숨을 대속물로 주시고, 우리의 영원한 보호자가 되셨다.

우리 자신이 왕인가

우리의 타락한 본성을 지닌 자아도 우리의 '주'가 될 수 없다. 세상은 자꾸만 우리의 자아, 우리 자신이 우리의 주인이요 왕이라고 말한다. 이는 여호와 하나님을 부인하고 예수님을 자신의 왕으로 모시지 않았기 때문에 나오는 주장이다. 그래서 사람들은 자기 자신을 주인으로 삼고 산다. 그러나 예수님을 영접한 우리까지 그렇게 할 이유는 없다. 우리에게는 예수님이 왕이시기 때문이다.

더러 복음을 믿고 또 예수님을 자신의 왕이라고 고백하는 사람 중에도, 실제 생활에서는 자신을 왕으로 섬기며 사는 이들이 있다. 아닌가? 자신을 왕으로 섬기는지 아닌지를 확인하는 방법은 간단하다. 다음과 같은 질문을 하고 자신의 생활을 점검해 보라.

무엇이 나를 움직이는가? 누가 나의 왕좌에 앉아 주인 노릇을 하는가? 나를 조종하고 움직이는 주인공은 누구인가? 나는 항상 누구에게 순종하는가?

이 질문에 답하면서 자신의 내면과 생활을 꼼꼼히 살펴본다면, 당신을 통치하고 다스리는 왕이 누구인지를 알게 될 것이다. 만일 그 왕이 당신 자신이라면, 당신은 입으로는 "예수님이 나의 왕"이라고 말하면서도 실제로는 자신이 왕 노릇 하고 있다는 사실을 발견하게 될 것이다.

그 이유를 로마서 6:16은 이렇게 밝힌다.

> 너희 자신을 종으로 내주어 누구에게 순종하든지 그 순종

함을 받는 자의 종이 되는 줄을 너희가 알지 못하느냐? 혹은 죄의 종으로 사망에 이르고 혹은 순종의 종으로 의에 이르느니라.

원리는 단순하다. '자신을 종으로 내주고 순종하는 대상이 왕이 되며, 또 자신은 그것의 종이 된다.' 만일 당신이 자신을 죄에게 내주면, 죄가 당신의 왕이 되고 당신은 죄의 신하요 종이 되어 죄에게 충성하면서 죄를 짓는다. 만일 당신이 자신을 가이사에게 내주면, 가이사가 당신의 왕이 되고 당신은 가이사의 신하요 종이 된다. 마찬가지로 당신의 본성적 자아, 곧 자기 자신에게 내주면, 당신 자신이 당신의 왕이 되고 당신은 자신에게 충성하는 종이 된다.

세상 사람들은 자기 자신이 왕이 되어 자기 삶을 사는 것이야말로 지극히 자기답고 행복한 삶이라고 말한다. 자기가 주인이 될 때 비로소 자아를 실현할 수 있다고 주장한다.[4] 이는 매우 설득력 있고 그럴듯하게 들린다.

그러나 여기에는 여러 가지 한정이 있다. 자기 자신이 진정한 왕이 되어야만 하는가? 그렇게 해야만 자기답고, 자기 삶을 사는가? 또 자기다움을 이루는 것이 곧 행복인가? 자아실현이 진정한 진리인가? 이런 질문을 깊이 생각해 보면, 자기가 자기의 주인 되는 것이 결코 해결책이 아님을 알 수 있다. 나는 여기서 그 모든 답을 하지는 않겠다.

그러나 한 가지는 분명히 말하고 싶다. 당신의 자아가 왕이 되기에는 턱없이 부족하다는 것이다. 만일 하나님도 없고, 죄로 타락한 상태의 자아라면 더욱 그렇다. 그런 자아는 왕으로서 완전히 자격 미달이다.

티모시 켈러(Timothy Keller)는 『복음 안에서 발견한 참된 자유(The Freedom of Self-Forgetfulness)』[5]에서 인간의 본성적 자아가 처한 상태를 네 가지로 설명한다. '그것은 첫째로 공허함이며, 둘째로 고통이다. 셋째로 분주함이고, 넷째로 나약함이다.' 그렇기 때문에 하나님이 없는 인간의 본성적 자아는 우리의 진정한 주인이나 왕이 될 수 없다.

만일 이런 자아가 왕이 되면, 다른 사람의 시선을 끌기 위해 분주하게 활동하지만, 그 목적을 이루지 못했을 때 깊은 고통을 겪는다. 그리고 공허함은 더 심해진다. 거기에 나약하기까지 하니 얼마나 쉽게 무너지겠는가?

따라서 인간의 타락한 상태로 있는 자아가 우리의 주인이 되고 왕이 되면, 럭비공처럼 어디로 튈지 알 수 없다. 언제, 어떤 이유로 무너질지도 모른다. 더구나 자아의 욕구와 욕망을 채우려 할 때는, 다시 말해 자기가 만족하는 상태에 이르고자 할 때는 끝이 없다. '자기'라는 왕은 결코 만족을 모르는 왕이다.

이런 면에서 볼 때 자기 자신이 왕이 되어 사는 것은 논리적으로는 그럴듯해 보이지만, 실제로는 매우 빈약한 논리 위에 세워진 허울뿐인 왕에게, 그리고 끊임없이 욕망하고 요구하는 왕에게 종노릇하는 것에 불과하다.

그러므로 예수 그리스도를 왕으로 모시고 사는 사람은 자기가 왕이 되지 않기 위해, 날마다 자기를 부인하고, 자기 십자가를 지고, 왕이신 예수님을 따라 산다.

돈과 재물이 우리의 왕인가

사람이 왕으로 모시고 사는 것은 자기 자신뿐만 아니다. 사람들은 인정하지 않지만, 돈을 자기 왕으로 삼고 산다. 돈을 지독히 사랑하고 신뢰한다. 돈을 따라가고, 돈을 위해 어떤 수고와 헌신도 마다하지 않는다. 돈과 재물만이 자신과 자신의 미래를 보장해 줄 것으로 믿는다.

실제로 돈과 재물에는 힘이 있다. 우리가 원하는 것을 채워주고, 하고 싶은 일을 가능하게 만들어 준다. 돈이 권력을 가져다주기도 하고, 안정감을 보장하기도 한다. 돈

덕분에 다른 사람보다 우월하다고 느끼기도 한다. 그래서 팀 켈러는 이렇게 말한다. "'돈을 신뢰하는 사람'은 재물 덕분에 자신이 안전과 안정을 얻었고 삶을 스스로 통제한다고 느낀다."[6] 사실이다.

더구나 세상은 비열하게도 돈 있는 사람 앞에서 굽신거린다. 반대로 돈이 없으면 무시하고 천대한다. 그러니 사람들이 '돈! 돈!' 하면서 눈에 불을 켜고 돈을 찾아 헤매는 것이다.

그러나 "돈이 가장 보편적인 가짜 신이다. 돈에 마음을 빼앗기면 눈이 멀어 눈앞에 벌어지는 일도 보이지 않는다. 불안과 욕심을 통해 돈이 당신을 지배한다. 다른 모든 것보다 돈을 앞세우게 된다."[7] 돈을 사랑하고 따르는 순간, 돈의 종이 된다. 돈이 주는 힘과 능력에 매료되어 자신이 돈의 종이 되었는지도 모른다.

그러나 돈과 재물은 아무것도 아니다. 가짜 왕이다. 이것이 우리의 생명을 보장하거나 우리의 영혼을 책임지지 못한다. 돈은 그냥 돈일 뿐이다. 경기가 나빠지면 한순간에 종잇조각으로 전락할 수 있다.

사람들은 돈과 재물의 위험성을 잘 모른다. 성경이 "돈을 사랑함이 일만 악의 뿌리가 된다"라고 말하는 이유를 생각하지 않는다. 돈 때문에 돈보다 더 고귀한 가치들을 잃어버릴 수 있다. 가족을, 사람과 사람의 관계에서 얻을 수 있는 것들을, 그리고 하나님으로 채워지고, 하나님이 주시는 은혜와 기쁨을 놓칠 수 있다.

돈은 힘이 있다. 그러나 그 힘에는 우리 자신과 우리의 영혼을, 그리고 우리의 운명을 파괴하는 힘도 들어 있다. 자칫 돈을 사랑하게 되면, 돈과 재물 때문에 지옥 사망에 이르게 된다. 하나님과 재물을 동시에 자기 주인으로 모실 수 없기 때문이다. 하나님과 재물을 동시에 사랑할 수도, 두 주인에게 동시에 충성할 수도 없다. 사람은 하나님과 재물 중 하나만 사랑할 수 있고, 돈과 예수님 중 하나에게만 충성할 수 있다.

그러므로 예수님을 왕으로 모시고 충성하는 그리스도인은 모든 것을 예수님 앞에 내려놓고 산다. 먹든지 마시든지 무엇을 하든지 다 하나님을 위해서 하고, 살든지 죽든지 예수님만 존귀함을 얻도록 한다. 살아도 주를 위하여 살고, 죽어도 주를 위하여 죽는다. 예수 그리스도만이 자신의 왕이시기에, 그분을 위해 목숨도 아끼지 않는 것이다.

강대국이 우리의 왕인가

더러 하나님과 예수님을 믿는다고 하는 사람 중에 우방국이나 강대국을 하나님보다 더 의지하는 사람들이 있다. 이런 나라와 외교적으로 우호 관계를 맺는 것은 필요하지만, '하나님보다 더 의지할 대상'은 아니다. 왜냐하면 우방국이라고 하는 나라들은 우리의 진정한 보호자가 아니기 때문이다. 그들은 자신들의 이권을 따라 움직인다. 이익이 없다고 판단될 때는 언제든지 등을 돌릴 수 있다. 실제로도 우리를 보호해 주지 못하고 책임지지도 않는다.

2025년 트럼프 대통령의 관세정책이 미국의 동맹국들에게 비판받는 이유를 살펴보자. 트럼프는 미국의 동맹국들을 적대국처럼 대하며, 캐나다, 멕시코, 유럽연합(EU), 일본, 그리고 우리나라 등 자유무역협정(FTA, Free Trade Agreement)을 체결한 국가들에까지 높은 관세를 일방적으로 부과했다. 우리나라가 미국에 수출할 때는 15%(혹은 그 이상)의 관세를 요구하고, 미국이 우리나라에 수출할 때는 무관세를 요구했다. 이는 시장의 판도를 뒤엎는 것이고 미국에 유리한 시장을 만드는 것이다. 더구나 그는 우리나라에 미군 주둔 비용 및 국방비 분담비를 증액하라고 반복적으로 요구했다. 이는 강대국으로서 책임 있는 모습과는 거리가 멀다.

미국을 '든든한 동맹'이라 믿어왔던 국가들은 깊은 실망과 함께 더 이상 미국을 신뢰하기 어렵다는 반응을 보이고 있다.

구약 성경을 보면 '갈대 지팡이'라는 말이 나온다. 에스겔 29:6~7 말씀이다.

> 애굽의 모든 주민이 내가 여호와인 줄을 알리라. 애굽은 본래 이스라엘 족속에게 갈대 지팡이라. 그들이 너를 손으로 잡은즉 네가 부러져서 그들의 모든 어깨를 찢었고 그들이 너를 의지한즉 네가 부러져서 그들의 모든 허리가 흔들리게 하였느니라.

또 이사야 36:6에서는 이렇게 말씀한다.

> 보라 네가 애굽을 믿는도다. 그것은 상한 갈대 지팡이와 같은 것이라 사람이 그것을 의지하면 손이 찔리리니 애굽 왕 바로는 그를 믿는 모든 자에게 이와 같으니라.

지팡이는 지팡이인데 갈대로 만든 지팡이다. 그래서 이 지팡이를 사용하면 갈대에 손이 찔리거나, 잘못되면 허리가 부러지는 수도 있다. 다시 말하면, 갈대 지팡이를 의지하는 자에게 도움은커녕 도리어 해가 된다는 말이다.

여기서 말하는 갈대 지팡이는 바로 애굽이다. 유다 왕과 정치 지도자들은 애굽이 자신들을 보호해 줄 것이라고 믿고 의지하며 도움을 구했다. 그러나 하나님은 그 애굽을 '갈대 지팡이'라고 말씀하셨다.

이 말씀은 강대국은 우리의 도움이 되지 못하며, 우리의 진정한 도움은 하나님밖에 없다는 사실을 알려준다.

우리의 진정한 왕은 하나님이시고 예수 그리스도이시다. 하나님은 예수님을 우리의 주와 그리스도로 삼으셨다.

> 그런즉 이스라엘 온 집은 확실히 알지니 너희가 십자가에 못 박은 이 예수를 하나님이 주와 그리스도가 되게 하셨느니라 하니라(행 2:36).

하나님과 예수 그리스도는 우리를 끝까지 책임지신다. 이유는 하나님은 우리의 하나님이시며, 우리는 그분의 백성이기 때문이다. 예수님은 자기 백성을 저희 죄에서 구원하려고 이 세상에 오셨고, 자기 목숨을 주고 자기 백성을 저희 죄에서 구원하신 왕이시다.

그러므로 아무런 도움이 되지 않는 것을 왕으로 삼고 의지하지 말라. 거짓에 현혹되지 말고, 우리의 왕이신 주께만 충성하고 의지하라. 우리의 왕이신 예수 그리스도만 이 세상 끝날 때까지 우리와 항상 함께하시면서 우리를 지켜 주신다. 자기 백성을 책임지는 왕은 예수 그리스도뿐이다.

왕이신 예수님께만 충성하라

사람의 중심에서 누가 그를 다스리고, 지배하며 통치하는가가 그 사람의 인생과 운명을 결정한다. 이는 인간의 모든 행동과 결정이 마음의 주권자에게서 나오기 때문이다. 마음을 지배하는 존재가 곧 그 사람의 삶 전체를 지배한다.

지금까지 살펴본 바에 따르면, 가이사도, 자기 자신도, 재물이나 돈도, 강대국도 우리의 진정한 왕이 될 수 없다. 이런 것들이 마음의 주권자가 된다면 우리는 결국 무너지고 만다. 그러나 다행히 우리의 왕은 예수 그리스도이시다. 우리는 그분을 우리 마음의 주권자요 왕으로 모셨다. 무엇보다 하나님께서 예수 그리스도를 높이셔서 우리의 왕이 되게 하셨다.

> 너희가 나무에 달아 죽인 예수를 우리 조상의 하나님이 살리시고 이스라엘에게 회개함과 죄 사함을 주시려고 그를 오른손으로 높이사 임금과 구주로 삼으셨느니라(행 5:30~31).

많은 사람이 예수님을 믿는다. 문제는 예수님을 어떤 분으로 믿느냐이다. 이슬람인들도 예수님을 믿는다. 그러나 그들이 믿는 예수님은 사도들과 복음서에서 말하는 예수님이 아니다. 이슬람인들은 예수를 '위대한 선지자 중 한 분'으로 믿는다. 성경이 말하는 예수님을 믿는 것이 아니다.

일본 사람에게 전도하다 보면 종종 자신도 예수님을 믿는다고 말하는 사람을 만난다. 그런데 그런 사람 중에는 예수님을 유일한 구원자나 자기 왕으로 믿지 않는 경우가 많다. 대부분 예수님을 유일신이 아니라 여러 신들 중 한 분으로 믿는다. 이것 역시 성경이 말하는 예수님을 믿는 것이 아니다.

그렇기 때문에 예수님을 믿는다고 말할 때 사도들과 복음서에서 말하는 예수님, 즉 예수님을 자신의 구원자요 왕이라고 믿어야 제대로 믿는 것이다.

예수님을 자기 왕으로 믿는 자는 예수님에게만 충성한

다. 진정한 신하는 자기 왕을 향한 충성을 다른 것과 나누지 않는다. 자기 왕을 사랑하는 것도 마찬가지다.

종종 '충성'이라는 말은 '믿음'과 동의어로 사용된다. 예수님을 믿는다는 것은, 곧 예수님에게만 충성한다는 뜻이다. 예수님을 자신의 구원자로 믿는다는 것은 어떤 상황에서도 예수 그리스도만 신뢰하고 의지한다는 의미이다.

믿는다는 말의 뜻을 알고 믿으라

여기서 '예수님을 믿는다'는 말에 대해 잠시 생각해 보자. 복음을 '받아들인다'는 것과 예수님을 '믿는다'는 것이 무엇을 의미하는지 분명히 알고 믿어야 한다. 다시 말해, 예수님과 사도들이 전한 복음의 내용과 예수님이 말씀하신 '믿는다'의 의미와 일치되게 믿어야 한다. 그렇지 않으면 다른 복음을 믿는 것이 된다.

예를 들면, "예수님을 믿으면 부자 됩니다", "예수님을 믿으면 성공할 수 있습니다"와 같은 소식은 기쁜 소식이기는 하지만, 예수님과 사도들이 전한 기쁜 소식, 즉 진정한 복음은 아니다. 그러므로 예수님을 믿을 때는 예수님이 누구신지, 어떤 분이신지 바르게 알고 믿고, '믿는다'는 말의 의미를 이해하고 믿어야 한다.

믿는다는 것은 영접한다는 것

첫째, 예수님을 '믿는다'는 것은, 곧 예수님을 '영접하는 것'이다. 요한복음 1:12에서 "영접하는 자 곧 그 이름을 믿는 자들에게는 하나님의 자녀가 되는 권세를 주셨으니"라고 말씀한다. 여기서 '영접하는 자'라는 말과 '믿는 자'라는 말은 같은 의미를 다른 방식으로 표현한 것이다. 다시 말해, 예수님을 믿는다는 것은 예수님을 영접한다는 뜻이다.

12절의 '영접하다'는 말은 수동태가 아니라 능동태이다. A. W. 토저가 말한 것처럼 "수동태는 타자의 행동을 수동적으로 당하는 것이고, 능동태는 자신이 능동적으로 어떤 행동을 취하는 것이다."[8] 따라서 예수님을 영접한다는 것은 우리가 주체적이고 능동적으로 영접한다는 뜻이다.

그러면 예수님을 어디로 영접한다는 말인가? 믿음이 마음에서 이루어지듯이, 예수님을 영접하는 것도 자기 마음 안으로 모셔 들이는 것이다. 구체적으로 말하면 예수님을 자기 마음의 왕좌(보좌)에 모시는 것이다. 이것이 예수님을 믿는다는 것, 복음을 믿는다는 의미이다.

믿는다는 것은 자신의 주로 받아들인다는 것

둘째, 예수님을 믿는다는 것은 예수님을 자신의 '주'로 받아들인다는 의미이다. 요한복음 1:12에서 '영접하다'(헬, ἔλαβον, elabon)는 말을 NIV, KJV, NASB에서는 "received"로 번역했다. 즉, '받았다'라는 뜻이다. 그러므로 예수님을 믿는다는 말은 곧 예수님을 받아들인다는 말이다. 그분을 하나님의 아들로, 자신의 구원자로, 그리고 자기 왕으로 '모셔 들이는 것'이 바로 믿음이다.

이렇게 예수님을 왕으로 받아들일 때는, 복음이 증언하는 '예수님이 왕이시다'는 사실을 인정하는 것을 전제로 한다. 예수님이 자신의 왕이 되기를 바라는 마음으로 그분을 영접하는 것이다. 또한 그분을 왕이라고 인정하며, 그분에게 모든 것을 내어드리고, 그분의 통치를 소망하는 것이다.

믿는다는 것은 자신은 자기 마음의 왕좌에서 내려오고 대신에 예수님이 그 왕좌에 좌정하셔서 자신의 모든 것을 통치하기를 소망하는 것이다. 그리고 왕의 통치에 순종하는 것이다. 이와 같은 인정과 내어드림, 그리고 소망과 순종이 어우러질 때, '믿는다'가 된다.

믿는다는 것은 예수님을 자신의 주로 고백하고 선언하는 것

셋째, 예수님을 믿는다는 것은 예수님이 자신의 '주'라고 '시인'하고 '고백'하며 '선언하는 것'을 의미한다.

> 네가 만일 네 입으로 예수를 주로 시인하며 또 하나님께서 그를 죽은 자 가운데서 살리신 것을 네 마음에 믿으면 구원을 받으리라 사람이 마음으로 믿어 의에 이르고 입으로 시인하여 구원에 이르느니라(롬 10:9~10).

예를 들어 우리가 누군가에게 "나는 예수님을 믿습니다"라고 말하는 것은 "예수님이 나의 왕이시고, 나의 주인이십니다"라고 인정하고 선언하며 선포하는 것이다. 복음은 "예수님이 왕이시고 주인이시다"라는 소식이다.

그러므로 복음을 듣고 예수님을 믿는 사람은 언제, 어디서, 무엇을 하든지, 왕이신 예수님 앞에서 산다. 그리고 주되신 예수님의 통치에 순종하며 살아간다. 어떤 상황에서도 자신의 왕이신 예수님에게 신하의 도리를 다하며 충성한다. 이것이 바로 예수님을 자기 왕으로 믿는 믿음의 생활이다.

믿는다는 것은 전인격을 다해 주를 붙잡는다는 것

넷째, 여기서 한 걸음 더 나아가 예수님을 믿는다는 것은 예수님이 자신의 '주'이심을 전인격을 다해, 이성과 감성과 지성과 의지를 다해 굳게 '붙잡는 것'이다. A.W. 토저는 『네 믿음은 어디 있느냐』라는 책에서 '예수님을 영접한다는 것은 선심 쓰듯이 영접해 주는 것이 아니라 붙잡는 것이다. 그리고 붙잡는 것은 그냥 붙잡는 것이 아니라 전인격을 쏟아부어 그리스도를 붙잡는 것이요, 자신의 지성과 감성과 의지를 다 쏟아부어 예수님을 주와 구주로 붙잡는 것'이라고 말했다.[9]

토저의 말대로 전인격을 다해 붙잡는 것은 일상생활에서 일어난다. 특히 삶이 힘들 때, 신앙생활 하는 것이 어려울 때, 위기에 직면했을 때 자신의 지성과 감성과 의지를 다 쏟아부어 예수님이 왕이시라는 사실을 붙잡는 것이다. 신앙생활에 회의가 들고 의심이 들 때, 무엇을 먹을까, 무엇을 마실까, 무엇을 입을까 염려가 되고 걱정이 될 때, "예수님은 나의 왕이시다, 그분이 나를 보호하고 책임져주실 것이다, 그분이 나의 환경과 상황을 통치하실 것이다"라고 온 마음과 힘을 다해 왕이신 예수님을 의지하는 것이다. 이것이 믿는 것이다.

당신은 예수님을 당신의 구원자로 믿는가? 예수님이 당신의 죄를 위하여 죽으셨다는 것을 믿는가? 예수님의 죽으심으로 말미암아 당신의 모든 죄가 사해졌으며, 지옥에서 영원한 형벌을 받지 않게 되었다는 것을 믿는가? 당신이 심판에 이르지 않고 사망에서 생명으로 옮겨졌다는 것을 믿는가? 만일 이렇게 믿는다면 훌륭한 믿음이다.

그러나 여기서 멈추어서는 안 된다. 한 걸음 더 나아가 예수님이 당신의 왕이시고, 당신을 둘러싼 모든 것을 통치하신다는 것을 믿어야 한다. 이 믿음을 가질 때, 복음을 제대로 믿는 것이다.

거짓 믿음은 예수님을 이용해 자신의 욕망과 야망을 이루려는 믿음이다. 그러나 진정한 믿음은 왕이신 예수님 앞에 겸손히 엎드리며, 자신을 쳐서 예수님께 복종시키고, 그분의 뜻에 순종하며 충성하는 것이다. 거짓 믿음은 '충성하는 척'하지만, 진실한 믿음은 자신의 지성과 감성과 의지를 다해 충성하는 믿음이다. 거짓 믿음은 예수님을 '적당히' 붙잡지만, 참된 믿음은 전심전력을 다해 붙잡고 의지하는 믿음이다. 거짓 믿음은 삼위 하나님 외에 다른 것을 의지하고 신뢰하지만, 온전한 믿음은 삼위 하나님에게 전폭적으로 신뢰하는 믿음이다. 거짓 믿음은 자신이 왕노릇 하지만, 참된 믿음은 왕이신 예수님에게 모든 것을 드리는 믿음이다. 이런 믿음을 가질 때 비로소 우리는 왕이신 예수님의 통치를 받으며, 그 다스림이 우리를 통해 이 땅에 임하여 하나님의 나라가 세워진다.

분명히 성경이 말하는 복음은 예수님이 왕이시라고 선포한다. 만일 당신이 예수님을 믿고 복음을 받아들인다면, 왕이신 예수님은 당신의 왕이 되실 것이고, 당신은 그분의 신하이자 백성이 될 것이다. 그리고 예수님은 당신을 다스리고 보호하며 책임지실 것이다. 이는 이 세상뿐 아니라 장차 올 세상에서도 변함없을 것이다.

에필로그

온전한 믿음으로 영광에 이르리라

우리는 이 여정을 시작할 때, 자기 자신에게 근본적인 질문을 던졌다. 그것은 단순한 호기심도 아니요, 피상적인 물음도 아니었다. 우리의 영혼 깊은 곳에서부터 끓어오르는 절실한 질문이었다.

"나는 과연 온전히 믿는가? 아니면 반쪽짜리 믿음에 머물러 있는가?"

이 질문은 우리의 신앙을 돌아보게 했다. 어떤 사람은 이 질문을 받고 확신에 찬 자신을 발견했을지도 모른다. 하지만 더 많은 사람은 바람에 흔들리는 갈대처럼 자신의 연약한 모습을 마주했을 것이다.

우리는 자신의 신앙이 견고하다고 자만할 수 없다. 믿음은 한순간의 고백으로 완성되는 것이 아니기 때문이다. 믿음 생활은 매일의 삶 속에서, 날마다 확인되고 다져지는 여정이다.

이제 우리는 책의 마지막 장에 이르렀다. 이 글은 책의 결론이 아니라 새로운 출발점이다. 우리는 이 책을 읽으면서 "나의 믿음은 어떤 상태인가?"를 되뇌었다. 그리고 자신을 돌아보았다.

만일 이 책을 덮으면서 이 질문도 사라진다면, 저는 매우 슬플 것이다. 수많은 사람이 앵무새처럼 되뇌는 '믿음'으로 돌아갈 수 있기 때문이다. 껍데기만 붙잡는 믿음, 입술로만 고백하는 믿음, 주일의 믿음과 평일의 삶이 철저하게 분리된 상태로 되돌아갈 수 있기 때문이다.

온전한 믿음

히브리서 기자는 "믿음은 바라는 것들의 실상이요 보이지 않는 것들의 증거니"(히 11:1)라고 믿음을 정의하였다.

믿음은 성경 지식의 축적이 아니다. 믿음은 삼위 하나님과 그분의 말씀을 신뢰하고 삶으로 살아내는 것이다.

온전한 믿음은 하나님과의 관계 속에서 자신의 전 존재를 내어드리는 전적인 신뢰이다. 단순히 종교의식을 행하고, 종교적인 의무를 이행하는 것이 아니라, 자신의 전 인생을 하나님에게 의탁하는 신뢰이다. 온전한 믿음은 우리가 살면서 직면하게 될 모든 순간에 '여호와는 나의 하나님이시며, 예수 그리스도는 나의 왕이시다'라고 고백하고, 고백한 대로 행동하는 삶이다.

단련되는 믿음

하나님과 예수님을 믿는다고 하루아침에 우리 생활이 바뀌는 것은 아니다. 예수님을 믿기 때문에 더 많은 유혹과 시련에 직면할 수 있다. 사람들이 예수님을 미워하듯이 우리를 미워할 수도 있다.

그럼에도 우리가 "행함이 없는 믿음은 죽은 것이라"(약 2:26)는 말씀을 상기하면서 매일 믿음으로 살아간다면, 우리는 반드시 온전한 믿음의 단계에 들어설 것이다. 금광석이 풀무불을 통과하면서 모든 불순물이 제거되고 정금으로 나오듯이, 우리 믿음도 시련을 지나면서 더 정결해지고 단단해질 것이다. 사도 베드로가 "너희 믿음의 시련이 불로 연단하여도 없어질 금보다 귀하여"(벧전 1:7)라고 말한 것처럼, 믿음은 시련을 통과하면서 진정한 믿음임이 드러난다. 지금 우리는 그런 과정에 있는 것이다.

멈추지 말고, 결단하라

설교자를 기분 좋게 만드는 말이 있다. "오늘 말씀이 참 좋았습니다. 은혜 많이 받았습니다" 하는 말이다. 이 책을 읽고 "좋은 내용이었다"로 끝나서는 안 된다.

진리가 실천될 때, 진리임이 입증되듯이, 여기서 깨달은 내용이 행위로 나타날 때, 진가가 드러난다. 예수님께서 "나더러 '주여, 주여' 하는 자마다 다 천국에 들어갈 것이 아니요"(마 7:21)라고 하신 말씀처럼, 믿음은 고백 그 이상이어야 한다. 바로 믿는 바대로 사는 삶이 되어야 한다. 그때 비로소 당신의 믿음은 행함으로 완성되고, 행함은 믿음으로 작용하여 더 놀라운 삶을 만들어 낼 것이다.

그러므로 멈추지 말고, 이제는 믿음대로 살겠다고 결단하라. 그리고 작은 것부터 순종하라. 작은 순종이 모여 믿음을 세운다. 하루하루 주님 앞에서 믿음으로 걸어갈 때 당신의 인생 집은 믿음의 집이 될 것이다.

온전한 믿음의 열매

지금에야 밝히지만, 지면 관계상 온전한 믿음의 열매에

대해서는 충분히 말하지 못했다. 그래서 간략하게 정리해 보고자 한다.

온전한 믿음은 하나님을 기쁘시게 한다. 하나님께 대한 전적인 신뢰는 하나님의 나라가 이 땅 가운데 임하는 길을 여는 힘이 된다. 살아 있는 믿음은 단지 교리적 동의나 입술의 고백에 머물지 않고, 일상에서 하나님 나라의 삶을 경험하게 한다.

우리가 온전히 믿을 때, 세상에 속한 사람들은 우리를 보고 여호와 하나님이 참으로 살아 계신 분임을 보게 된다. 또한 우리가 믿는 예수 그리스도가 진정한 메시아임을 깨닫는다. 그렇게 믿음은 다른 이들을 구원의 길로 이끄는 디딤돌 같은 것이다.

온전한 믿음은 우리 자신에게도 큰 유익이 있다. 단순히 세상이 자랑하는 부, 성공, 명예가 아니라 우리 삶을 세상이 줄 수 없는 평안과 소망과 사랑으로 채워준다. 사도 바울이 갈라디아 5:22~23에서 "오직 성령의 열매는 사랑과 희락과 화평과 오래 참음과 자비와 양선과 충성과 온유와 절제니 이같은 것을 금지할 법이 없느니라."고 말했다. 이 열매들은 믿음의 열매이면서 동시에 우리의 믿음이 살아 있다는 증거이기도 하다.

살아 있는 믿음의 결과는 이것만이 아니다. '주여, 주여' 하고 불법을 행한 자들은 하나님 나라의 문 앞에서 쫓겨나 어둠에 떨어지지만, 온전히 믿는 우리는 하나님의 영광의 나라에 들어갈 것이다. 그리고 사도 요한이 말한 대로 예수 그리스도와 함께 천 년 동안 왕 노릇 할 것이다(계 20:4~6)

우리는 언젠가 주님의 보좌 앞에 서게 될 것이다. 그리고 우리의 왕으로부터 "잘하였도다. 착하고 충성된 종아"(마 25:21) 하는 칭찬을 듣게 될 것이다.

당신과 나는 지금 주의 영광을 보고, 주와 같은 형상으로 변하여 영광에서 영광에 이르고 있는 자들이다(고후 3:18). 그리고 앞으로 우리 주와 더불어 왕 노릇 할 자들이다.

그러므로 우리 모두 하나님 나라의 문 앞에서 어슬렁거리지 말고, 전심으로 예수 그리스도를 믿자. 믿음의 껍데기나 종교적 형식만 취하지 말고, 예수 그리스도를 우리 마음의 왕좌에 모시자. 매일 왕이신 예수 그리스도께 충성하면서 믿음으로 생활하자. 그리하여 우리 모두가 함께 주의 나라에서 기쁨으로 만나기를 소망한다.

끝까지 믿음을 지키며 달려간
모든 이들에게 주어질 영광을 바라보며.

[미주]

프롤로그

온전히 믿으라

1. 거의 하나님 나라에 들어갈 뻔한 사람들
1. 매튜 미드(Matthew Mead)는 이 주제에 대해 심도 있는 책을 썼다. "거의 하나님 나라에 들어갈 뻔한 사람들"이라는 제목은 그의 책, 『유사 그리스도인』(The Almost Christian Discovered, 장호익 옮김, 지평서원, 2002)에서 얻었다.

2. 그리스도 없이 그리스도인처럼 사는 사람들
1. 레프 톨스토이는 예수님께서 행하신 이적과 표적을 모두 부인한다. 그는 성경을 하나님의 계시로 인정하지도 않을 뿐만 아니라 복음서를 '가르침을 주는 글', 윤리적인 가르침만 인정할 뿐이다(레프 톨스토이, 『톨스토이 성경』(강주헌 역, 작가정신, 1999, 7-10; 박태양, 『눈먼 기독교』(국제제자훈련원, 2013, 39.).
2. 알베르트 슈바이처가 여기에 해당한다. 그는 프랑스의 의사, 음악가, 철학자, 신학자였으며 루터교 목사였다. 그는 행복을 자신만 누리기보다 모두에게 나누어 주고자 아프리카에서 의료 봉사를 했다. 하지만 그는 그리스도인은 아니었다. 그가 쓴 〈역사적 예수에 대한 탐구〉에서 그는 예수가 하나님 나라의 도래가 임박한 것으로 기대했으나 그 기대가 이루어지지 않자 스스로 죽음을 택했다고 했다(정승우, 『예수 - 역사인가, 신화인가』(책세상, 2005, 19). 그는 예수님의 십자가의 죽음을 죄인을 위한 대속적인 죽음으로 인정하지 않는다. 역사에 실존했던 예수를 "묵시록적 세계관에 사로잡힌 망상가"로 여겼다(김영한, "역사적 예수에 대한 바른 이해(1)", 〈크리스천투데이〉, 입력일: 2013. 03. 18. https://www.christiantoday.co.kr/news/262138, 접속일: 2024. 08. 15.).
3. 마하트마 간디는 예수는 존경했지만, 한 번도 그리스도인이었던 적은 없다. 그는 평생을 힌두교도로 살았다. 그가 예수를 존경한 이유는 산상수훈의 가르침 때문이다. 그리고 그의 비폭력 무저항 운동도 예수님의 가르침에서 비롯되었다.

3. 주여, 주여만 하고 끝난 사람들
1. "예수께서 제자들 앞에서 이 책에 기록되지 아니한 다른 표적도 많이 행하셨으나 오직 이것을 기록함은 너희로 예수께서 하나님의 아들 그리스도이심을 믿게 하려 함이요 또 너희로 믿고 그 이름을 힘입어 생명을 얻게 하려 함이니라"(요 20:30-31)는 말씀도 참조하라.

4. 반만 믿지 말고 온전히 믿어라

5. 껍데기만 붙잡은 믿음을 버려라
1. 팀 켈러는 이렇게 말한다. "아주 초기부터 크리스천들은 '크리스토스 퀴리오스', 즉 '예수는 나의 주'라고 고백했다. 반드시 '카이저 퀴리오스', 그러니까 '황제는 나의 주'라고 이야기해야 했던 역사적인 시대 상황에서 이는 예수님을 최고 권력자로 인정한다는 뜻이다. 그리스도는 그저 신성한 천사 같은 존재가 아니었다. 초기 크리스천들이 불렀던 찬송가 가사처럼 그분은 '모든 이름 위에 뛰어난 이름'(빌 2:9)이었다. 예수님 안에는 '신성의 모든 충만이 육체로' 거하셨다(골 2:9)."(팀 켈러(Timothy Keller), 『팀 켈러, 하나님을 말하다』(The Reason for God), 최종훈 옮김, 두란노, 2017. 349-350.)
2. 팀 켈러, 『팀 켈러, 하나님을 말하다』, 349.

6. 착각에 빠진 믿음에서 벗어나 진실로 믿어라
1. A.W. 토저(Aiden Wilson Tozer), 『믿음에 타협은 없다』(The Dangers of a Shallow Faith), 이용복 옮김, 규장, 2013. 162.

7. 세상과 친구 되는 믿음은 진짜 믿음일 수 없다

8. 예수 중심이 아닌 믿음은 진짜 믿음이 아니다

1. 2021. 2. 3일에 방영된 〈유 퀴즈 온 더 블럭〉 제92화 "식스센스 [촉각] 균형의 황제, 밸런싱 아티스트 변남석" 편에서 한 말이다.
2. A.W. 토저(Aiden Wilson Tozer), 『네 믿음은 어디 있느냐』(Faith Beyond Reason), 이용복 옮김, 규장, 2009. 87-111.
3. 최영택(작곡, 작사), "나는 만족하겠네"(사람을 보며 세상을 볼 때).
4. 아우구스티누스 몬테규 톱 레이디(A. M. Toplady) 작사, "고요한 바다로"(If, on a quiet sea), 새찬송가 373장 2절.
5. 미국목사케빈(migookmoksa_kevin), "새들백 교회가 8,000개의 소그룹까지 갈 수 있었던 비결", 〈YouTube〉, 입력일: 2024. 07. 29. https://www.youtube.com/watch?v=7qqElBfxwN8, 접속일: 2024. 08. 01.
6. D.A. 카슨(Carson), R.T. 프란스(France) 편집 자문, 『IVP 성경주석 신약』(New Bible Commentary 21st Century Edition), 김재영, 황영철 옮김, 한국기독학생출판부, 2006. 695.
7. 앞 6 D.A. 카슨(Carson), 695.
8. 앞 6 D.A. 카슨(Carson), 695.

9. 믿음이 파선하지 않도록 착한 양심을 가지라

1. John Calvin, Commentaries on the Gospel According to St. John 1-10, trans. T. H. L. Parker (Grand Rapids, MI: Eerdmans, 1974), 273.
2. 안토니 A. 후크마, 『개혁주의 구원론』(Anthony A. Hoekema, Saved by Grace), 류호준 역, 기독교문서선교회, 1991. 388.
3. 안토니 A. 후크마, 『개혁주의 구원론』, p. 408. 후크마는 이 부분에서, 히브리서 6:4-6의 인물들뿐만 아니라 요한일서 2:19절의 인물들 역시 구원을 실제로 경험한 참된 신자라기보다, 공동체 안에 있었지만, 참된 회심에는 이르지 못한 자들이라고 한다.
4. 허호익, "믿음과 착한 양심", 『한경직 목사 설교집 1권』 중에서, 〈한국신학마당〉, 입력일: 2005. 07. 22. http://theologia.kr/board_ntot/61826 접속일: 2022. 08. 22.
5. A.W. 토저, 『네 믿음은 어디 있느냐』, 116.
6. A.W. 토저, 『네 믿음은 어디 있느냐』, 119.
7. A.W. 토저, 『네 믿음은 어디 있느냐』, 125.

10. 행함이 없는 믿음은 죽은 믿음이다

11. 믿음 없는 자가 되지 말고, 믿는 자가 되라

12. 하나님이 마련하신 구원의 방도를 붙잡으라
1. 존 칼빈(John Calvin), 『칼빈 주석 로마서』(New Testament Calvin's Commentaries), 민소란 옮김, 규장, 2013. 114.
2. 종교 다원주의자들이 이런 입장이다.

13. 예수 그리스도 외에 다른 복음은 없다
1. 렌스키(RiChard C. H. Lenski), 『갈라디아서 에베소서』(The Interpretation of St. Paul's Epistles to the Galatians and to the Ephesians), 장병일 역, 백합출판사, 1975., 28.
2. 이한수, 『한국성경주석총서 갈라디아서』, 도서출판 횃불, 1997. 72.
3. 렌스키, 『갈라디아서 에베소서』, 29.

14. 왕이신 예수님을 당신의 보좌에 모시고 살라
1. 스캇 맥나이트(Scot McKnight)의 『예수 왕의 복음』((The King Jesus Gospel)박세혁 옮김, 새물결플러스, 2014)를 참고하라.
2. 칼빈의 『기독교강요』 4권 제20장은 "시민정부의 역할과 의미, 신자의 태도"를 다룬다. 내용을 요약하면 다음과 같다. '인간은 죄로 인해 타락했고, 무질서와 악행이 일어나기 쉽다. 그래서 하나님께서는 악을 억제하고 선을 보호하기 위해 정부와 권세자들을 세우셨다. 시민정부는 정의와 평화를 세우고 유지하며, 법과 제도로 사회 질서를 바로잡아야 한다. 공공의 선을 위해 법을 집행하고 범죄를 처벌할 수 있으며, 전쟁 시에는 국민을 보호할 책임도 있다. 신자의 시민정부에 대한 태도

는 위정자들에게 복종하고 세금을 내며 법을 준수하는 것이다. 하지만 하나님의 뜻에 반할 경우에는 하나님께 순종하기 위해 정부와 위정자에게 불복종할 수도 있다. 시민정부는 하나님의 위임받은 일시적인 기관이다. 신자의 궁극적인 왕은 예수 그리스도뿐이다.'

3. "The Barmen Declaration", *EKD(EEvangelische Kirche in Deutschland)*, https://www.ekd.de/en/The-Barmen-Declaration-303.htm, 접속일: 2025. 08. 08.

4. 고든 올포트(Gordon Allport)와 칼 로저스(Carl Rogers)는 자기실현(Self-actualization)을 개인 성장과 행복의 핵심 개념으로 본다. Gordon Allport의 *Personality: A Psychological Interpretation, Personality: A Psychological Interpretation*(Constable (London), 1938)를 참고하라. 이 책의 디지털 판본은 https://archive.org/details/personalitypsych0000allp에서 볼 수 있다. Carl Rogers의 *On Becoming a Person: A Therapist's View of Psychotherapy*(Mariner Books, 2012)도 참고하라.

5. 티모시 켈러(Timothy Keller), 『복음 안에서 발견한 참된 자유』(The Freedom of Self-Forgetfulness), 장호준 옮김, 복있는 사람, 2012.

6. 팀 켈러(Timothy Keller), 『팀 켈러의 내가 만든 신』(Counterfeit gods), 윤종석 옮김, 두란노, 2018., 106.

7. 팀 켈러, 『팀 켈러의 내가 만든 신』(Counterfeit gods), 108.

8. A.W. 토저(A.W. Tozer), 『네 믿음은 어디 있느냐』(Faith Beyond Reason), 27.

9. A.W. 토저, 『네 믿음은 어디 있느냐』, 28-29.

에필로그

온전한 믿음으로 영광에 이르라

반만 믿지 말고 온전히 믿으라

전병철 지음

초판 1쇄 발행 | 2025년 12월 24일

발 행 인 | 전병철
발 행 처 | 세우미
등   록 | 476-54-00568
등 록 일 | 2021년 07월 26일
주   소 | 광명시 영당안로 13번길 20. 삼정타운 다4동 404호
이 메 일 | mentor1227@nate.com
인스타그램 | @sewoomi1,　@sewoomi_

ISBN　　979-11-93729-08-3　(93230)

본 저작물은 신저작권법에 따라 보호를 받는 저작물이므로 무단 전재와 무단 복제를 금합니다.
이 책의 전부 또는 일부를 이용하려면 반드시 저자와 세우미 출판사의 동의를 받아야 합니다.